Curso

*La diferencia entre aprobar
y sacar plaza*

Auxiliar de Administración General

DIPUTACIÓN PROVINCIAL DE BADAJOZ

Accede a tu **Curso MAD360** y disfruta de los siguientes recursos:

- Técnicas de Memoria 360.
- MADTEST: Test nivel PRO.
- Temario en formato digital.
- Vídeos.
- Esquemas.
- Planificación de estudio.
- Foro entre opositores hasta la fecha del examen.*
- Recursos y novedades exclusivas.
- Consulta sobre la oposición y el proceso selectivo.
- Actualizaciones legislativas (Boletines Oficiales) hasta 60 días antes de la fecha del examen.*

Para acceder al Curso MAD360** será necesaria la compra de todos los libros para esta especialidad de la edición 2024.

Valida los códigos que encuentras en la última página de tus libros y disfruta de la experiencia MAD360.

Infórmate en: mad.es/registro-campus

NOTA IMPORTANTE:

* Examen de esta categoría profesional correspondiente a la convocatoria publicada en el BOP de Badajoz n.º 195, de 9 de octubre de 2024, o hasta el 31 de diciembre de 2025, lo que se cumpla antes.

** El acceso al CURSO MAD360 estará disponible desde diciembre de 2024 (algunos recursos podrían estar disponibles en fecha posterior). Tendrá una duración de 365 días, desde la validación de códigos, o hasta el 30 de junio de 2026, lo que se cumpla antes.

MAD se reserva el derecho a ampliar dichas fechas.

Auxiliar de Administración General de la Diputación Provincial de Badajoz

Noviembre 2024

Auxiliar de Administración General de la Diputación Provincial de Badajoz

Test del temario

Autores

FRANCISCO JESÚS TORRES FONSECA
Licenciado en Derecho

LIDIA PONCE MARTÍNEZ
Licenciada en Psicología

MIGUEL ÁNGEL NAVAS DUEÑAS
Ingeniero Superior en Telecomunicaciones
Profesor de Informática de Ciclos Formativos de Grado Medio y Bachillerato

SERGIO JIMENO MOLINS
Ingeniero Superior en Telecomunicaciones
Profesor de Educación Secundaria Obligatoria y Bachillerato

CARLOS TOJEIRO ALCALÁ
Ingeniero Informático
Titulado MCP de Microsoft

© 7 Editores Recursos para la Cualificación Profesional y el Empleo, S.L. (7 Editores)
© Los autores
Primera edición, noviembre 2024 (296 páginas)
Derechos de edición reservados a favor de 7 Editores
IMPRESO EN ESPAÑA
Diseño Portada: 7 Editores
Edita: 7 Editores
Avda. San Francisco Javier, 9 · Edificio Sevilla 2 · Planta 11 · Módulos 25-27 · 41018 Sevilla
Teléfono: 954 784 411 · WEB: www.mad.es · e-mail: administracion@7editores.com
ISBN: 978-84-142-8909-9
© "Editorial Mad" y "Eduforma" son nombres comerciales registrados de
7 Editores Recursos para la Cualificación Profesional y el Empleo, S.L.

Índice

TEST N.º 1

La Constitución Española de 1978: Título Preliminar. De los derechos y deberes fundamentales: de los españoles y los extranjeros; derechos y libertades; de los principios rectores de la política social y económica; de las garantías de las libertades y derechos fundamentales; de la suspensión de los derechos y libertades

1. ¿En qué se fundamenta la Constitución Española?

a) En un Estado social y democrático de Derecho.
b) En la indisoluble unidad de la Nación española.
c) En la independencia de los poderes del Estado.
d) En la organización territorial del Estado.

2. Según el artículo 3 de la CE, el castellano es la lengua oficial del Estado y todos los Españoles:

a) Tienen el deber de usar y el derecho de conocer el castellano.
b) Tienen el derecho y el deber de conocer el castellano.
c) Tienen el deber de conocer y el derecho de usar el castellano.
d) Tienen el derecho de conocer y usar el castellano.

3. La Constitución Española reconoce y garantiza el derecho a la autonomía:

a) De las nacionalidades que la integran.
b) De las regiones que la integran.
c) De las Comunidades Autónomas que la integran.
d) De las nacionalidades y regiones que la integran.

4. El Preámbulo de la Constitución:

a) Tiene en sí carácter de norma jurídica.
b) Es una declaración de intenciones, destinada a interpretar lo que se quiere alcanzar con el contenido normativo de la Constitución.
c) Se trata de un texto sin fuerza jurídica de obligar.
d) Las respuestas b) y c) son correctas.

5. Señala la afirmación correcta, respecto de la aprobación, ratificación y publicación de la Constitución Española:

a) Aprobada por las Cortes el 31 de octubre de 1978, ratificada por el pueblo en referéndum el 6 de diciembre de 1978 y publicada el 29 de diciembre de 1978.

b) Aprobada por las Cortes el 30 de octubre de 1978, ratificada por el pueblo en referéndum el 16 de diciembre de 1978 y publicada el 27 de diciembre de 1978.

c) Aprobada por las Cortes el 31 de octubre de 1978, ratificada por el pueblo en referéndum el 16 de diciembre de 1978 y publicada el 29 de diciembre de 1978.

d) Aprobada por las Cortes el 10 de octubre de 1978, ratificada por el pueblo en referéndum el 26 de diciembre de 1978 y publicada el 30 de diciembre de 1978.

6. ¿En qué parte de la Carta Magna se establece la exposición de motivos que impulsan la norma constitucional y los objetivos que con ella se pretenden alcanzar?

a) En el Título Preliminar.
b) En el Preámbulo.
c) En el Título I.
d) En el Título II.

7. La Constitución Española fue sancionada por:

a) El Rey.
b) El Presidente del Congreso.
c) Las Cortes Generales.
d) El Presidente del Gobierno.

8. ¿Cuáles de los siguientes españoles de origen pueden ser privados de su nacionalidad?

a) Exclusivamente los miembros de grupos terroristas.
b) Los miembros de grupos terroristas y los que atenten contra el Rey u otro miembro de la Casa Real.
c) Los que atenten contra un miembro de la Familia Real o del Gobierno de la Nación.
d) Ningún español de origen podrá ser privado de su nacionalidad.

9. Según la CE son fundamentos del orden político y la paz social:

a) La dignidad de la persona, los derechos violables que les son inherentes y el respeto a la ley.
b) La dignidad de la persona, el desarrollo limitado de la personalidad y el respeto a la ley.
c) El respeto a la ley, a los reglamentos administrativos y demás disposiciones legales.
d) La dignidad de la persona, los derechos inviolables que le son inherentes, el libre desarrollo de su personalidad, el respeto a la ley y a los derechos de los demás.

10. ¿Cuál de los siguientes es considerado por la CE como uno de los valores superiores del ordenamiento jurídico?

a) La jerarquía normativa.
b) El pluralismo político.
c) La publicidad normativa.
d) La equidad.

11. La forma política del Estado español es:

a) Democracia parlamentaria.
b) Gobierno parlamentario.
c) Monarquía parlamentaria.
d) República democrática.

12. La parte de la CE que regula la estructura de los principales órganos del Estado recibe el nombre de:

a) Parte dogmática.
b) Parte orgánica.
c) Parte estatal.
d) Parte estructural.

13. Según la CE, la soberanía nacional:

a) Corresponde a las Cortes Generales, al estar compuestas por los representantes del pueblo.
b) Corresponde al Rey.
c) Reside en el pueblo español.
d) Corresponde al Gobierno de la Nación elegido directamente por el pueblo.

14. El derecho a la propiedad en nuestra Constitución es un Derecho:

a) Inherente a la condición humana.
b) Absoluto.
c) Limitado por la función social de la misma.
d) Ninguna de las respuestas anteriores es correcta.

15. ¿En qué parte de la Carta Magna se señalan los valores superiores del ordenamiento jurídico?

a) En el Preámbulo.
b) En el Título Preliminar.
c) En el Título I.
d) Ninguna respuesta es correcta.

16. ¿Cuál de las siguientes es una de las características de nuestra Constitución de 1978?

a) Consensuada.
b) Corta.
c) Conservadora.
d) Originalidad.

17. Son el fundamento del orden político y de la paz social:

a) El libre desarrollo de la personalidad.
b) Los derechos inviolables que les son inherentes.
c) El respeto a la ley y a los derechos de los demás.
d) Todas las respuestas son correctas.

18. ¿Qué quedará excluido de extradición?

a) Los delitos criminales.
b) Los delitos políticos.
c) Los actos de terrorismo.
d) Ninguno.

19. ¿Qué debe ser democrático, a tenor de lo dispuesto en la Constitución Española, en los sindicatos de trabajadores y las asociaciones empresariales?

a) Su funcionamiento.
b) Su estructura interna.
c) Su funcionamiento y estructura interna.
d) Sus órganos asamblearios.

20. ¿De cuántos Capítulos consta el Título I de la CE de 1978?

a) De tres.
b) De cinco.
c) De dos.
d) De cuatro.

21. Dispone la Carta Magna que todos contribuirán al sostenimiento de los gastos públicos de acuerdo con su capacidad económica mediante un sistema tributario justo inspirado en los principios de:

a) Legalidad y equidad.
b) Igualdad y progresividad.
c) Publicidad y legalidad.
d) Eficacia y sostenibilidad.

22. Las primeras elecciones democráticas celebradas en España tras la muerte de Franco tuvieron lugar en:

a) 1975.
b) 1976.
c) 1977.
d) 1978.

23. El referéndum en el que se aprobó popularmente la Constitución se llevó a efecto el:

a) 27 de diciembre de 1978.
b) 6 de diciembre de 1978.
c) 31 de octubre de 1978.
d) 29 de diciembre de 1979.

24. La ponencia encargada de redactar el borrador de la Constitución se constituyó en el:

a) Senado.
b) Senado y Congreso de los Diputados.
c) Congreso de los Diputados.
d) Gobierno de la Nación.

25. Si un poder público, en su actuación, infringe lo dispuesto en el Preámbulo de la Constitución:

a) Incurre en nulidad.
b) Incurre en inconstitucionalidad.
c) No pasa nada salvo que, como consecuencia de esa actuación, se infrinja un artículo de la propia Constitución.
d) Nada de lo anterior es cierto.

26. El principio en virtud del cual el ciudadano está amparado por una legislación no sujeta a continuos vaivenes es el de:

a) Legalidad.
b) Publicidad normativa.
c) Seguridad jurídica.
d) Jerarquía normativa.

27. El principio en virtud del cual un Reglamento no puede contradecir una ley es el de:

a) Legalidad.
b) Jerarquía normativa.
c) Las respuestas a) y b) son correctas.
d) Seguridad jurídica.

28. Según la Constitución, una norma que imponga una nueva pena más leve para un delito:

a) No se aplica retroactivamente.
b) Puede aplicarse retroactivamente.
c) Ha de ser reglamentaria.
d) Atenta contra el principio de legalidad penal si se aplica retroactivamente.

29. Todos los españoles, respecto al castellano, tienen el:

a) Derecho-deber de conocerlo.
b) Derecho de usar y deber de conocerlo.
c) Derecho-deber de usarlo.
d) Nada de lo anterior.

30. La capital del Estado en España es:

a) La propia de cada Comunidad Autónoma.
b) La villa de Madrid.
c) Aquella donde se establezca en cada momento el Gobierno de la Nación.
d) Aquella en la que resida generalmente el Rey.

31. Las Comunidades Autónomas deben usar o instalar la bandera española:

a) En sus edificios.
b) En los actos oficiales.
c) Cuando lo solicite el Delegado del Gobierno de la Nación en las mismas.
d) Cuando lo estimen oportuno.

32. Deben tener una estructura interna y un funcionamiento democrático los/las:

a) Partidos Políticos.
b) Colegios Profesionales.
c) Organizaciones Profesionales.
d) Todos ellos.

33. La defensa de la integridad territorial de España se atribuye por la Constitución a/al/a las:

a) Fuerzas y Cuerpos de Seguridad.
b) Fuerzas Armadas.
c) Gobierno de la Nación.
d) Todas las anteriores.

34. El derecho a la vida se consagra en el siguiente artículo de la Constitución:

a) 10.
b) 16.
c) 15.
d) 24.

35. La pena de muerte en España:

a) Ha quedado abolida.
b) Puede aplicarse en cualquier momento.
c) Solo se aplicará, en tiempo de guerra, a los militares.
d) Rige solo en el ámbito civil.

36. La inmediata puesta a disposición judicial derivada del *habeas corpus*, se produce por:

a) Detención ilegal.
b) Prisión ilegal.
c) Prisión preventiva.
d) Detención preventiva.

37. El proceso en el que se enjuicie a un presunto delincuente debe:

a) Ser sumario.
b) No dilatarse.
c) Entorpecer los instrumentos probatorios.
d) Nada de lo anterior es cierto.

38. La entrada en un domicilio en caso de flagrante delito, sin autorización de su titular:

a) Puede dar lugar a la aplicación del habeas corpus.
b) Requiere autorización previa de la autoridad judicial.
c) Puede efectuarse en todo momento.
d) No puede realizarse en momento alguno.

39. Cuando, al conocerse la comisión de un delito por una persona, se acude a su domicilio para detenerla:

a) Está obligada a franquear la entrada.
b) Se necesitará autorización judicial para entrar, si no da su consentimiento para ello.
c) Pese a que no dé su consentimiento, se puede entrar.
d) Nada de lo anterior es correcto.

40. Una vez declarado el estado de excepción no se puede suspender el derecho/ libertad de:

a) Huelga.
b) Enseñanza.
c) Adopción de medidas de conflicto colectivo.
d) Libertad de circulación.

Solución al test n.º 1

1. b) En la indisoluble unidad de la Nación española.

2. c) Tienen el deber de conocer y el derecho de usar el castellano.

3. d) De las nacionalidades y regiones que la integran.

4. d) Las respuestas b) y c) son correctas.

5. a) Aprobada por las Cortes el 31 de octubre de 1978, ratificada por el pueblo en referéndum el 6 de diciembre de 1978 y publicada el 29 de diciembre de 1978.

6. b) En el Preámbulo.

7. a) El Rey.

8. d) Ningún español de origen podrá ser privado de su nacionalidad.

9. d) La dignidad de la persona, los derechos inviolables que le son inherentes, el libre desarrollo de su personalidad, el respeto a la ley y a los derechos de los demás.

10. b) El pluralismo político.

11. c) Monarquía parlamentaria.

12. b) Parte orgánica.

13. c) Reside en el pueblo español.

14. c) Limitado por la función social de la misma.

15. b) En el Título Preliminar.

16. a) Consensuada.

17. d) Todas las respuestas son correctas.

18. b) Los delitos políticos.

19. c) Su funcionamiento y estructura interna.

20. b) De cinco.

21. b) Igualdad y progresividad.

22. c) 1977.

23. b) 6 de diciembre de 1978.

24. c) Congreso de los Diputados.

25. c) No pasa nada, salvo que, como consecuencia de esa actuación, se infrinja un artículo de la propia Constitución.

26. c) Seguridad jurídica.

27. c) Las respuestas a) y b) son correctas.

28. b) Puede aplicarse retroactivamente.

29. b) Derecho de usar y deber de conocerlo.

30. b) La villa de Madrid.

31. b) En los actos oficiales.

32. d) Todos ellos.

33. b) Fuerzas Armadas.

34. c) 15.

35. a) Ha quedado abolida.

36. a) Detención ilegal.

37. b) No dilatarse.

38. c) Puede efectuarse en todo momento.

39. b) Se necesitará autorización judicial para entrar, si no da su consentimiento para ello.

40. b) Enseñanza.

TEST N.º 2

**El Estatuto de Autonomía de Extremadura: Disposiciones generales.
Derechos, deberes y principios rectores. Las competencias
de la Comunidad Autónoma de Extremadura.
Las instituciones de Extremadura**

1. ¿Quién ostenta la condición política de extremeños?

a) Los ciudadanos españoles que, de acuerdo con el Estatuto de Autonomía, tengan vecindad administrativa en cualquiera de los municipios de Extremadura.

b) Los españoles residentes en el extranjero que hayan tenido la última vecindad administrativa en Extremadura y acrediten esta condición en la correspondiente representación diplomática de España.

c) Sus descendientes inscritos como españoles gozarán de esa condición, en todo caso.

d) Todas son correctas.

2. Son elementos diferenciales de Extremadura, y han de orientar la actuación de los poderes públicos:

a) La vitalidad de su reciente identidad colectiva.

b) La calidad de su medioambiente y su patrimonio cultural.

c) El predominio del mundo rural.

d) Todas son correctas.

3. ¿Qué mayoría se exige en la Asamblea para regular por ley el escudo y el himno de Extremadura?

a) Tres quintos de los diputados.

b) Dos tercios de los diputados.

c) Mayoría absoluta.

d) Mayoría simple.

4. El fomento del desarrollo económico y social de la Comunidad Autónoma dentro de los objetivos de la política económica nacional es una competencia de la Comunidad Autónoma:

a) Exclusiva.
b) De desarrollo normativo.
c) De ejecución.
d) Ninguna es correcta.

5. ¿De qué tipo de competencia es la sanidad agrícola y animal en la Comunidad Autónoma de Extremadura?

a) De ejecución.
b) De desarrollo normativo.
c) Exclusiva.
d) Legislativa.

6. Según el artículo 1.1 del Estatuto, Extremadura se constituye en Comunidad Autónoma:

a) Por mandato constitucional.
b) Como expresión de su nacionalidad y por voluntad democrática de los extremeños.
c) Como expresión de su identidad regional histórica y por voluntad democrática de los españoles.
d) Como expresión de su identidad regional histórica y por voluntad democrática de los extremeños.

7. ¿De dónde emanan los poderes de la Comunidad Autónoma de Extremadura?

a) Del pueblo.
b) De la Constitución.
c) Del Estatuto de Autonomía de Extremadura.
d) Todas las anteriores son correctas.

8. ¿Cuál de los siguientes no es uno de los elementos diferenciales de Extremadura que han de orientar la actuación de los poderes públicos?

a) La baja densidad de su población y su dispersión.
b) La lengua propia.
c) La calidad de su medioambiente y su patrimonio cultural.
d) La proyección en Portugal e Iberoamérica.

9. ¿Cuál es el territorio de Extremadura recogido en su Estatuto?

a) El de los municipios comprendidos dentro de los actuales límites de las provincias de Badajoz y Cáceres.
b) El de los municipios comprendidos dentro de los actuales límites de las provincias de Badajoz y Cádiz.

c) El histórico de Aragón, y comprende el de los municipios, comarcas y provincias de Huesca, Teruel y Zaragoza.

d) El de los municipios comprendidos dentro de los actuales límites de las provincias de Badajoz, Talavera de la Reina, Évora y Cáceres.

10. Sin perjuicio de su eficacia dentro del territorio de Extremadura, ¿pueden las normas, disposiciones y actos de las instituciones extremeñas tener efectos extra-territoriales?

a) No, por ser contrario a lo dispuesto en el artículo 149.1.8.ª de la Constitución.

b) No, por ser contrario a lo dispuesto en el Tratado de la Unión Europea.

c) Sí, cuando sea necesario para el pleno ejercicio de aquellas de sus competencias cuya naturaleza lo requiera.

d) Sí, pero únicamente en normas de ámbito penal.

11. Según el Estatuto, ¿quiénes gozan de la condición política de extremeños?

a) Los ciudadanos comunitarios que tengan vecindad administrativa en cualquiera de los municipios de Extremadura.

b) Los ciudadanos españoles que, de acuerdo con las leyes generales del Estado, tengan vecindad administrativa en cualquiera de los municipios del territorio español.

c) Los ciudadanos españoles que, de acuerdo con las leyes generales del Estado, tengan vecindad administrativa en cualquiera de los municipios de Extremadura.

d) Los nacidos en el territorio de la Comunidad Autónoma de Extremadura.

12. ¿Pueden las comunidades extremeñas asentadas fuera de Extremadura solicitar el reconocimiento de la identidad extremeña?

a) Sí, con arreglo a lo establecido en la ley.

b) No, al no ostentar la vecindad administrativa extremeña.

c) Sí, previa autorización del Ministerio de Exteriores.

d) No, al no serles de aplicación las disposiciones del Estatuto.

13. ¿Cómo define el Estatuto el reconocimiento de la identidad extremeña?

a) Como el derecho al sufragio activo y pasivo en las elecciones autonómicas.

b) Como el derecho a gozar de la condición política de extremeño.

c) Como el derecho a colaborar y compartir la vida social y cultural del pueblo extremeño.

d) Como la autorización para el uso por parte de terceros de las marcas promocionales (y distintivos gráficos) titularidad de la Junta de Extremadura aplicables a los productos originarios de la región.

14. ¿Implica el reconocimiento de la identidad extremeña la concesión de derechos políticos?

a) No, en ningún caso, según dispone el artículo 3.3 del Estatuto.

b) Sí, en aquellos supuestos en que la identidad extremeña sea reconocida a una corporación de derecho público asentada fuera de Extremadura.

c) No, por no contar las comunidades extremeñas en el exterior con vecindad administrativa en Extremadura.

d) Sí, previo reconocimiento de su identidad extremeña en la correspondiente representación diplomática de España.

15. ¿Puede el Gobierno de Extremadura en el ámbito de sus competencias celebrar tratados o convenios internacionales con los Estados en los que existan comunidades extremeñas asentadas?

a) No, salvo con Estados miembros de la Unión Europea.

b) No, pero sí puede solicitar del Estado la celebración de esos tratados o convenios.

c) Sí, al tener reconocido la Comunidad Autónoma de Extremadura el ejercicio de su autogobierno según el artículo 1.2 del Estatuto.

d) Sí, puede celebrar tratados internacionales pero no convenios internacionales.

16. ¿Cómo es la bandera de Extremadura recogida en el artículo 4.1 del Estatuto?

a) Blanca con una banda diagonal de color azul que la atraviesa desde el ángulo superior izquierdo hasta el inferior derecho.

b) La formada por cuatro barras rojas horizontales sobre fondo amarillo.

c) La formada por tres franjas horizontales iguales, verde la superior, blanca la central y negra la inferior.

d) La formada por tres franjas horizontales iguales, verde la superior, blanca la central y negra la inferior.

17. El artículo 8 establece las competencias que asume la Comunidad Autónoma de Extremadura sin perjuicio de las que pudieran corresponder al Estado en virtud de títulos competenciales propios previstos en:

a) El Estatuto.

b) La ley 7/1985, de 2 de abril, reguladora de las Bases del Régimen Local.

c) El Reglamento de la Asamblea de Extremadura.

d) La Constitución.

18. ¿Qué tipo de competencias tiene la Comunidad de Extremadura en materia de organización territorial propia de la Comunidad Autónoma y régimen local?

a) Competencia exclusiva.

b) Ninguna, por ser competencia exclusiva del Estado.

c) Competencia de desarrollo legislativo.

d) Competencias de ejecución.

19. ¿Quién ostenta la competencia sobre la conservación, defensa y protección del Fuero de Baylío e instituciones de derecho consuetudinario?

a) El Estado.

b) La Comunidad Foral de Navarra.

c) La Comunidad Autónoma de Extremadura.
d) El Ministerio de Justicia.

20. ¿A quién corresponde la competencia sobre la caza y la pesca fluvial en Extremadura?

a) Al Ayuntamiento al que pertenezca el territorio donde se desarrolle la caza o pesca fluvial.
b) La Comunidad Autónoma de Extremadura.
c) Al Ministerio de Agricultura, Pesca y Alimentación.
d) Al Estado.

21. ¿Cuál es el número máximo de diputados de la Asamblea de Extremadura?

a) 72.
b) 71.
c) 70.
d) 65.

22. La sesión constitutiva de la Asamblea electa será convocada por el Presidente cesante:

a) Dentro de los dos meses siguientes a la celebración de las elecciones.
b) Dentro del mes siguiente a la celebración de las elecciones.
c) Dentro de los veinte días siguientes a la celebración de las elecciones.
d) Dentro de los quince días siguientes a la celebración de las elecciones.

23. ¿En qué plazo desde su constitución, el Presidente de la Asamblea, previa consulta a los Grupos parlamentarios, propondrá un candidato a la Presidencia de entre los que le sean presentados, al menos, por la cuarta parte de los miembros de la Cámara?

a) En el plazo de quince días.
b) En el plazo de veinte días.
c) En el plazo de veinticinco días.
d) En el plazo de un mes.

24. Corresponden al Presidente como representante ordinario del Estado:

a) Suscribir convenios de colaboración con el Estado y acuerdos de cooperación con otras Comunidades Autónomas, sin perjuicio de su delegación en otras autoridades.
b) Establecer, de acuerdo con su programa político, las directrices generales de la acción de gobierno e impulsar, dirigir y coordinar la acción del mismo.

c) Ordenar la publicación en el Diario Oficial de Extremadura de los nombramientos del Delegado del Gobierno y demás altas autoridades estatales en Extremadura, de acuerdo con lo previsto en este Estatuto.

d) Firmar los decretos y acuerdos adoptados por la Junta de Extremadura y ordenar su publicación oficial cuando proceda.

25. Corresponden al Presidente como Presidente de la Junta de Extremadura:

a) Remitir a la Asamblea la información que ésta requiera del Gobierno o Administración regionales.

b) Convocar elecciones a la Asamblea de Extremadura, la sesión constitutiva de esta y, en su caso, disolverla en los términos previstos en el Estatuto de Autonomía.

c) Ejercer la representación de Extremadura en sus relaciones con las instituciones del Estado, con otras Comunidades Autónomas y con las demás administraciones públicas, y en el ámbito internacional cuando proceda.

d) Asegurar en el ámbito de la Comunidad Autónoma el respeto al orden constitucional y al resto del ordenamiento jurídico, adoptando las medidas que fuesen necesarias en el marco de las competencias que le son propias.

26. La Asamblea de Extremadura puede exigir la responsabilidad política del Presidente de la Comunidad Autónoma mediante la adopción por mayoría absoluta de una moción de censura que habrá de ser propuesta, al menos, por:

a) Un diez por ciento de los miembros de la Cámara e incluir un candidato a Presidente que presentará su programa alternativo.

b) Un quince por ciento de los miembros de la Cámara e incluir un candidato a Presidente que presentará su programa alternativo.

c) Un veinte por ciento de los miembros de la Cámara e incluir un candidato a Presidente que presentará su programa alternativo.

d) Un treinta por ciento de los miembros de la Cámara e incluir un candidato a Presidente que presentará su programa alternativo.

27. No podrá ser votada una moción de censura:

a) Hasta que transcurran cinco días desde su presentación.
b) Hasta que transcurran siete días desde su presentación.
c) Hasta que transcurran diez días desde su presentación.
d) Hasta que transcurran quince días desde su presentación.

28. ¿En qué supuestos cesará el Presidente de Extremadura?

a) Por la aprobación de una moción de censura.
b) Por la celebración de nuevas elecciones.
c) Por dimisión voluntaria presentada por escrito al Presidente de la Asamblea.
d) Todas las respuestas son correctas.

29. ¿Dónde tiene su sede el Consejo Consultivo de Extremadura?

a) En Mérida.
b) En Cáceres.
c) En Badajoz.
d) En Trujillo.

30. ¿Dónde se ubica la sede del Consejo Económico y Social?

a) En Cáceres.
b) En Badajoz.
c) En Mérida.
d) En Trujillo.

Solución al test n.º 2

1. b) Los españoles residentes en el extranjero que hayan tenido la última vecindad administrativa en Extremadura y acrediten esta condición en la correspondiente representación diplomática de España.

2. d) Todas son correctas.

3. b) Dos tercios de los diputados.

4. a) Exclusiva.

5. c) Exclusiva.

6. d) Como expresión de su identidad regional histórica y por voluntad democrática de los extremeños.

7. d) Todas las anteriores son correctas.

8. b) La lengua propia.

9. a) El de los municipios comprendidos dentro de los actuales límites de las provincias de Badajoz y Cáceres.

10. c) Sí, cuando sea necesario para el pleno ejercicio de aquellas de sus competencias cuya naturaleza lo requiera.

11. c) Los ciudadanos españoles que, de acuerdo con las leyes generales del Estado, tengan vecindad administrativa en cualquiera de los municipios de Extremadura.

12. a) Sí, con arreglo a lo establecido en la ley.

13. c) Como el derecho a colaborar y compartir la vida social y cultural del pueblo extremeño.

14. a) No, en ningún caso, según dispone el artículo 3.3 del Estatuto.

15. b) No, pero sí puede solicitar del Estado la celebración de esos tratados o convenios.

16. c) La formada por tres franjas horizontales iguales, verde la superior, blanca la central y negra la inferior.

17. d) La Constitución.

18. a) Competencia exclusiva.

19. c) La Comunidad Autónoma de Extremadura.

20. b) La Comunidad Autónoma de Extremadura.

21. d) 65.

22. d) Dentro de los quince días siguientes a la celebración de las elecciones.

23. a) En el plazo de quince días.

24. c) Ordenar la publicación en el Diario Oficial de Extremadura de los nombramientos del Delegado del Gobierno y demás altas autoridades estatales en Extremadura, de acuerdo con lo previsto en este Estatuto.

25. a) Remitir a la Asamblea la información que ésta requiera del Gobierno o Administración regionales.

26. b) Un quince por ciento de los miembros de la Cámara e incluir un candidato a Presidente que presentará su programa alternativo.

27. a) Hasta que transcurran cinco días desde su presentación.

28. d) Todas las respuestas son correctas.

29. c) En Badajoz.

30. c) En Mérida.

Ley 7/1985, de 2 de abril, Reguladora de las Bases del Régimen Local (I): Disposiciones generales. El municipio

1. Entre las potestades y prerrogativas que tienen los municipios se encuentran:

a) La tributaria y financiera.
b) De revisión de oficio de sus actos y acuerdos.
c) Expropiatoria.
d) Todas las respuestas son correctas.

2. Los elementos del Municipio son:

a) El territorio, la población y la financiación.
b) El territorio, las instituciones y la organización.
c) La organización, la autonomía y el territorio.
d) La población, la organización y el territorio.

3. Según el Reglamento de Población y Demarcación Territorial de las Entidades Locales el término municipal es:

a) El territorio en que el Ayuntamiento ejerce su jurisdicción.
b) El territorio en que el Ayuntamiento ejerce sus competencias.
c) El territorio en que el Ayuntamiento ejerce su política.
d) Las respuestas b) y c) son correctas.

4. De acuerdo con lo dispuesto en la Ley de Bases de Régimen Local:

a) La creación de nuevos municipios solo podrá realizarse sobre la base de núcleos de población territorialmente diferenciados, de al menos 25.000 habitantes.
b) La creación de nuevos municipios solo podrá realizarse sobre la base de núcleos de población territorialmente diferenciados, de al menos 5.000 habitantes.
c) La creación de nuevos municipios solo podrá realizarse sobre la base de núcleos de población territorialmente diferenciados, de al menos 3.000 habitantes.
d) La creación de nuevos municipios solo podrá realizarse sobre la base de núcleos de población territorialmente diferenciados, de al menos 250.000 habitantes.

5. ¿La alteración de términos municipales podrá suponer la modificación de los límites provinciales?

a) Solo en casos excepcionales.
b) En ningún caso.
c) Cuando concurran los requisitos establecidos en la ley.
d) Sí.

6. En los casos de fusión de municipios:

a) El nuevo municipio se subrogará en todos los derechos y obligaciones de los anteriores municipios.
b) El nuevo municipio resultante de la fusión no podrá segregarse hasta transcurridos cien años.
c) El órgano del gobierno del nuevo municipio resultante estará constituido transitoriamente por la suma de los concejales de los municipios fusionados.
d) Las respuestas a) y c) son correctas.

7. Son derechos y deberes de los vecinos:

a) Contribuir mediante la aportación de sus bienes inmuebles a la realización de las competencias municipales.
b) Exigir la prestación y, en su caso, el establecimiento del correspondiente servicio público, en el supuesto de constituir una competencia municipal propia aunque no sea de carácter obligatorio.
c) Acceder a los aprovechamientos comunales.
d) Ejercer la iniciativa individual en los términos previstos en el art. 70 bis de la Ley de Bases de Régimen Local.

8. La inscripción de los extranjeros en el Padrón municipal:

a) Constituirá prueba de su residencia legal en España.
b) Iniciará el expediente de adquisición de la nacionalidad española.
c) No les atribuirá ningún derecho que no les confiera la legislación vigente.
d) Permitirá obtener un permiso de trabajo.

9. El padrón municipal es:

a) La base de datos donde constan los nombres de los vecinos.
b) El registro administrativo donde solo constan los domicilios de los vecinos.
c) El registro administrativo donde constan los vecinos de un municipio.
d) El registro administrativo donde solo constan los domicilios de los extranjeros del municipio.

10. La inscripción en el Padrón municipal contendrá como obligatorios los siguientes datos:

a) Las matrículas de los vehículos de los vecinos.
b) El número de identificación de los aparatos tecnológicos existentes en cada casa.
c) Los ascendientes que habitan en cada casa.
d) Ninguna de las respuestas es correcta.

11. Quien viva en varios Municipios:

a) Deberá inscribirse únicamente en el Padrón municipal del municipio en el que habite durante más tiempo al año.
b) Deberá inscribirse únicamente en el Padrón municipal del municipio en el que tenga su lugar de trabajo.
c) Deberá inscribirse únicamente en el Padrón municipal del municipio en el que haya nacido.
d) Deberá inscribirse en el Padrón municipal de todos los municipios.

12. ¿Existe Padrón de españoles residentes en el extranjero?

a) Sí.
b) No.
c) Sí, y su formación se realizará por la Administración General del Estado.
d) Solo para aquellos que se encuentren en la Unión Europea.

13. Funcionan en régimen de Concejo Abierto:

a) Los municipios de menos de 200 habitantes.
b) Los municipios de menos de 300 habitantes.
c) Los municipios de menos de 500 habitantes.
d) Los municipios que tradicional y voluntariamente cuenten con ese singular régimen de gobierno y administración.

14. La organización municipal responde a las siguientes reglas:

a) El Alcalde, los Tenientes de Alcalde y el Pleno existen en todos los Ayuntamientos.
b) El Alcalde, la Junta de Gobierno y el Pleno existen en todos los Ayuntamientos.
c) El Alcalde y el Pleno existen en todos los Ayuntamientos.
d) El Alcalde y la Junta de Gobierno existen en todos los Ayuntamientos.

15. La Comisión Especial de Cuentas:

a) Existe en todos los municipios.
b) Existe en los municipios en que así se acuerde.
c) Existe en los municipios de más de 1000 habitantes.
d) Ninguna de las respuestas es correcta.

16. De acuerdo con la Ley Orgánica de Régimen Electoral será proclamado alcalde electo:

a) El Concejal que haya obtenido la mayoría simple de los votos de los concejales.
b) El Concejal que encabece la lista que haya obtenido mayor número de votos populares.
c) El Concejal que haya obtenido la mayoría absoluta de los votos de los concejales.
d) El Concejal que haya ganado el sorteo.

17. Los alcaldes tendrán tratamiento de:

a) Ilustrísima en los municipios de Madrid y Barcelona.
b) Excelencia en los municipios que sean capitales de provincia.
c) Señoría en los municipios que no sean capitales de provincia ni las ciudades de Madrid y Barcelona.
d) Ilustrísima en todos los municipios.

18. La cuestión de confianza a la que podrá ser sometido el Alcalde se puede vincular a:

a) La aprobación o modificación de los Presupuestos anuales.
b) La aprobación o modificación del Reglamento Orgánico.
c) La aprobación o modificación de las Ordenanzas Fiscales.
d) Todas las respuestas son verdaderas.

19. No es una atribución del Alcalde:

a) Aprobar la oferta de empleo público.
b) La aprobación del reglamento orgánico y de las ordenanzas.
c) Dictar Bandos.
d) Ejercer la jefatura de la Policía Municipal.

20. Es una atribución del Pleno del Ayuntamiento:

a) La alteración de la calificación jurídica de los bienes de dominio público.
b) La aprobación inicial de las leyes.
c) Desempeñar la jefatura superior de todo el personal.
d) Ordenar la publicación, ejecución y hacer cumplir los acuerdos del Ayuntamiento.

21. La Junta de Gobierno Local se integra por el Alcalde y un número de Concejales:

a) No superior al tercio del número legal de los mismos.
b) No superior a la mitad del número legal de los mismos.
c) No superior a dos tercios del número legal de los mismos.
d) Ninguna de las respuestas es correcta.

22. El régimen peculiar para los Municipios de gran población será aplicable:

a) A los municipios que sean capitales autonómicas.
b) A los municipios cuya población supere los 50.000 habitantes.
c) A los municipios cuya población supere los 150.000 habitantes.
d) Las respuestas a) y b) son correctas.

23. En los municipios de gran población corresponde a la Junta de Gobierno:

a) La aprobación y modificación de las ordenanzas y reglamentos municipales.
b) La aprobación del proyecto de presupuesto.
c) Los acuerdos relativos a la participación en organizaciones supramunicipales.
d) Dictar bandos, decretos e instrucciones.

24. En los municipios de gran población tendrán la consideración de órganos directivos:

a) El Alcalde.
b) El titular de la asesoría jurídica.
c) Los miembros de la Junta de Gobierno Local.
d) Las respuestas a) y c) son correctas.

25. En los municipios de gran población para la defensa de los derechos de los vecinos ante la Administración municipal el Pleno creará:

a) Un órgano de gestión económico-financiera.
b) Una Comisión especial de Sugerencias y Reclamaciones.
c) Un órgano para la resolución de las reclamaciones económico-administrativas.
d) Un órgano de gestión tributaria.

26. En los municipios de gran población el dictamen sobre los proyectos de ordenanzas fiscales corresponderá a:

a) Un órgano de gestión económico-financiera.
b) Una Comisión especial de Sugerencias y Reclamaciones.
c) Un órgano para la resolución de las reclamaciones económico-administrativas.
d) Un órgano de gestión tributaria.

27. El Municipio no ejercerá como competencia propia:

a) Tráfico, estacionamiento de vehículos y movilidad.
b) Abastecimiento de agua potable a domicilio.
c) Administración de Justicia.
d) Cementerios y actividades funerarias.

28. El servicio de transporte colectivo urbano de viajeros deberá prestarse en todo caso:

a) En los Municipios con población superior a 5.000 habitantes.
b) En todos los Municipios.
c) En los Municipios con población superior a 50.000 habitantes.
d) En los Municipios con población superior a 20.000 habitantes.

29. El servicio de prevención y extinción de incendios deberá prestarse en todo caso:

a) En los Municipios con población superior a 50.000 habitantes.
b) En los Municipios con población superior a 5.000 habitantes.
c) En los Municipios con población superior a 20.000 habitantes.
d) En todos los Municipios.

30. El servicio de recogida de residuos deberá prestarse en todo caso:

a) En los Municipios con población superior a 20.000 habitantes.
b) En los Municipios con población superior a 5.000 habitantes.
c) En todos los Municipios.
d) En los Municipios con población superior a 50.000 habitantes.

31. La personalidad jurídica de los Municipios, según la Constitución Española, es:

a) Propia.
b) Plena.
c) Reconocida por el Ente que los crea.
d) Dependiente de su autonomía.

32. Según nuestra Constitución, los Concejales no son elegidos por sufragio:

a) Universal.
b) Igual.
c) Paritario.
d) Libre.

33. La pertenencia de un Municipio a dos Provincias:

a) Se admite excepcionalmente.
b) Ha de estar prevista en norma con rango de ley.
c) Está prohibida en nuestro ordenamiento jurídico.
d) Las respuestas a) y b) son ciertas.

34. La división del término municipal en distritos, barrios, etc., es competencia del/de la:

a) Instituto Geográfico Nacional.
b) Diputación Provincial.
c) Ayuntamiento respectivo.
d) Comunidad Autónoma.

35. Para ser vecino de un Municipio:

a) Hay que estar empadronado como tal en él.
b) Basta con la residencia habitual en el mismo.
c) No es necesario ser mayor de edad.
d) Debe saberse leer y escribir.

36. No es posible la consulta popular en la siguiente materia:

a) Sobre competencias municipales.
b) Hacienda Local.
c) Servicios municipales.
d) Es factible en todas ellas.

37. En el ámbito local el único órgano que puede someter a consulta popular un asunto es el:

a) Presidente de la Diputación Provincial.
b) Alcalde.
c) Gobierno de la Nación.
d) Pleno de cada Entidad Local.

38. En el Padrón no debe constar respecto de un vecino su:

a) Sexo.
b) Domicilio habitual.
c) Lugar de nacimiento.
d) Debe figurar todo lo anterior.

39. El Consejo de Empadronamiento está adscrito al/a la:

a) Presidencia del Gobierno de la Nación.
b) Ministerio del Interior.
c) Ministerio de Economía, Comercio y Empresa.
d) Ministerio de la Presidencia, Justicia y Relaciones con las Cortes.

40. La confección del Padrón de españoles residentes en el extranjero es competencia del/de la:

a) Ayuntamiento de su último domicilio en España.
b) Comunidad Autónoma donde hubieren nacido.
c) Administración General del Estado.
d) Embajada o Consulado español en el país en que residan.

41. Las directrices e instrucciones técnicas para la formación, mantenimiento y rectificación del Padrón corresponde emanarlas al/a la:

a) Propio Ayuntamiento Pleno.
b) Administración General del Estado.
c) Comunidad Autónoma.
d) Alcalde.

42. La organización municipal complementaria que establezca una Comunidad Autónoma con carácter general, respecto a los Municipios de la misma:

a) Se aplica preferentemente a la establecida con tal carácter por el Estado.
b) Se aplica preferentemente a la establecida por el Reglamento Orgánico de cada Municipio.
c) Se aplica después de la del Estado y la del Reglamento Orgánico.
d) Las respuestas a) y b) son ciertas.

43. La elección de un Alcalde, tras unas elecciones locales, se efectúa:

a) Directamente en las elecciones locales.
b) En sesión extraordinaria al efecto.
c) En la sesión constitutiva de la Corporación.
d) Por los vecinos exclusivamente.

44. La destitución del Presidente de una Corporación Local se efectúa a través de la:

a) Renuncia.
b) Cuestión de confianza.
c) Moción de censura.
d) Las respuestas b) y c) son ciertas.

45. ¿Se puede presentar más de una moción de censura contra el mismo Presidente de una Entidad Local?

a) Sí, cuando prospere una de ellas.
b) Solo en distintos períodos de sesiones.

c) Depende del Reglamento Orgánico de la Entidad.

d) Nada de lo expuesto es cierto.

46. En una moción de censura contra un Presidente de una Entidad Local, puede ser candidato:

a) Los cabezas de lista.

b) Los portavoces de los Grupos Políticos.

c) Cualquier Concejal cuya aceptación expresa conste en el escrito de proposición de la moción.

d) Ninguno de los anteriores.

47. En el caso de que la cuestión de confianza planteada por un Alcalde no obtuviera el número necesario de votos favorables para la aprobación del acuerdo:

a) Quedan cesados todos sus miembros.

b) El Alcalde cesará automáticamente, quedando en funciones hasta la toma de posesión de quien hubiere de sucederle en el cargo.

c) Se nombra como tal al primer Teniente de Alcalde.

d) Se hace una nueva sesión constitutiva, tras la celebración de elecciones.

48. La convocatoria de consultas populares debe autorizarla el/la:

a) Gobierno de la Nación.

b) Presidente de la Corporación.

c) Comunidad Autónoma.

d) Ninguno de ellos.

49. La denominada competencia residual, en virtud de la cual se le atribuyen aquellas competencias que no estén expresamente asignadas a otro órgano, la tiene en un Ayuntamiento el/la/las:

a) Pleno.

b) Comisiones Informativas.

c) Presidente.

d) Junta de Gobierno Local.

50. Las cuestiones que se susciten entre Municipios sobre deslinde de sus términos municipales serán resueltas por:

a) La correspondiente Comunidad Autónoma.

b) El Gobierno de España.

c) Las Diputaciones Provinciales.

d) El Consejo de Estado.

51. El voto de calidad del Presidente de una Corporación Local:

a) Inclina la votación al sector en el que él haya votado, en caso de empate producido en la reunión de un órgano colegiado.
b) Da fe del resultado de la votación.
c) Significa que es muy importante quien emite el voto.
d) Provoca la irrecurribilidad del acuerdo adoptado.

52. La aprobación del proyecto de presupuesto en un Municipio de gran población es competencia del/de la:

a) Presidente.
b) Junta de Gobierno Local.
c) Pleno.
d) Comunidad Autónoma.

53. La delegación de competencias de un Alcalde:

a) Se efectúa por acuerdo de Pleno.
b) Se reviste formalmente en forma de Decreto de dicho Pleno.
c) Se puede dar en todo tipo de materias.
d) Nada de lo anterior es correcto.

54. Los nombramientos de funcionarios en los Ayuntamientos de Municipios de régimen común corresponden al/a la:

a) Pleno.
b) Junta de Gobierno Local.
c) Presidente.
d) Delegado de Personal.

55. La aprobación de las formas de gestión de los servicios públicos en los Ayuntamientos de Municipios de régimen común corresponde genuinamente al/a la:

a) Pleno.
b) Presidente.
c) Junta de Gobierno Local.
d) Comunidad Autónoma respectiva.

56. En un Municipio de 7.000 habitantes, ¿cuántos Concejales habrá de elegirse para su Ayuntamiento?

a) Siete.
b) Diez.
c) Trece.
d) Quince.

57. La representación del Ayuntamiento compete al/a la/a los:

a) Alcalde.
b) Pleno.
c) Junta de Gobierno Local.
d) Tenientes de Alcalde en su ámbito competencial respectivo.

58. La Relación de Puestos de un Ayuntamiento de un Municipio de gran población la aprueba el/la:

a) Junta de Personal.
b) Pleno.
c) Alcalde.
d) Junta de Gobierno Local.

59. Conceder gratificaciones al personal en Ayuntamientos de Municipios de régimen común es competencia del/de la:

a) Pleno.
b) Presidente.
c) Junta de Gobierno Local.
d) Junta de Personal.

60. El ejercicio normal de acciones judiciales compete en un Municipio de gran población al/a la/a los:

a) Presidente.
b) Pleno.
c) Junta de Gobierno Local.
d) Anteriores, en las materias de sus respectivas competencias.

61. Señala cuál de los siguientes puede ser una forma de organización desconcentrada del Municipio, para la administración de núcleos de población separados, sin personalidad jurídica:

a) Parroquia.
b) Pedanía.
c) Aldea.
d) Todos los anteriores pueden serlo.

62. La Junta de Gobierno Local de un Ayuntamiento de Municipio de régimen común tiene, además del Presidente, los siguientes miembros como máximo:

a) Diez.
b) Depende del número de habitantes.

c) Dos tercios del de la Corporación.
d) Un tercio de estos.

63. Los Concejales-Delegados se nombran por el/la:

a) Presidente.
b) Pleno.
c) Grupo Político.
d) Junta de Gobierno Local.

64. El régimen retributivo de los órganos directivos municipales en un Municipio de gran población se establece por el/la:

a) Concejal-Delegado de Personal.
b) Alcalde.
c) Pleno.
d) Junta de Gobierno Local.

65. Los representantes personales en poblados y barriadas se dan solo en:

a) Los Municipios.
b) Las Provincias.
c) Las Islas menores.
d) Todas las respuestas son correctas.

66. La Comisión Especial de Cuentas es un órgano:

a) Necesario.
b) Complementario y, por lo tanto, facultativo.
c) Voluntario.
d) Decisorio.

67. Las Juntas Municipales de Distrito son creadas por el/la/los:

a) Comunidad Autónoma de que se trate.
b) Consejos Sectoriales.
c) Pleno del Ayuntamiento de que dependan.
d) Alcalde, a quien corresponde el nombramiento de sus integrantes.

68. Los grupos políticos de una Entidad Local deben estar representados forzosamente en la/los:

a) Comisión Especial de Cuentas.
b) Órganos desconcentrados.
c) Consejos Sectoriales.
d) Todas las respuestas son correctas.

69. Tiene carácter transitorio en el mandato de una Corporación Local el/la/las:

a) Comisiones Informativas Especiales.
b) Comisión Especial de Cuentas.
c) Pleno.
d) Comisiones Informativas en general.

70. El órgano complementario que se constituye con y sin miembros de la Corporación para tratar colegiadamente asuntos que afectan a materias concretas de la actividad y competencia de un Municipio se llama:

a) Comisión Informativa.
b) Consejo Sectorial.
c) Junta Municipal de Distrito.
d) Comisión Especial de Cuentas.

71. Los Consejos Sectoriales se presiden por el:

a) Presidente de la Corporación.
b) Miembro de esta que designe el Pleno.
c) Miembro de esta que designe el Presidente.
d) Elegido por y entre sus miembros.

72. Para ser representante personal del Alcalde en una barriada se requiere:

a) Elección por el Pleno.
b) Ser elegido en las elecciones locales por esa circunscripción.
c) Pertenecer al grupo de gobierno municipal.
d) Vivir en ella.

73. La protección civil es servicio mínimo a prestar por los Municipios de más de:

a) 5.000 habitantes.
b) 20.000 habitantes.
c) 50.000 habitantes.
d) Las respuestas b) y c) son ciertas.

74. No es servicio mínimo de un Ayuntamiento de menos de 5.000 habitantes el de:

a) Acceso a los núcleos de población.
b) Alumbrado público.
c) Transporte colectivo urbano de viajeros.
d) Recogida de residuos.

75. Es servicio mínimo de un Ayuntamiento de menos de 5.000 habitantes el de:

a) Servicios funerarios.
b) Medio ambiente urbano.
c) Extinción de incendios.
d) Limpieza viaria.

76. El transporte colectivo urbano de viajeros debe prestarse obligatoriamente en los Municipios de más de:

a) 5.000 habitantes.
b) 10.000 habitantes.
c) 20.000 habitantes.
d) 50.000 habitantes.

77. La evaluación e información de situaciones de necesidad social y la atención inmediata a personas en situación o riesgo de exclusión social, debe prestarse en los Municipios que tengan una población, como mínimo, superior a:

a) 50.000 habitantes.
b) 5.000 habitantes.
c) 20.000 habitantes.
d) 100.000 habitantes.

78. Si se plantea un conflicto de competencias entre dos Ayuntamientos de distintas Provincias de una misma Comunidad Autónoma, se resuelve por el/la/las:

a) Pleno de cada uno de ellos.
b) Ministerio de la Presidencia, Justicia y Relaciones con las Cortes.
c) Respectivas Diputaciones Provinciales.
d) Comunidad Autónoma.

79. ¿Qué define ENTRENA CUESTA como el Ente Público menor territorial primario?

a) La Comarca.
b) La Mancomunidad de Municipios.
c) El Municipio.
d) La Provincia.

80. La creación de nuevos municipios solo podrá realizarse sobre la base de núcleos de población territorialmente diferenciados, de al menos:

a) 3.000 habitantes.
b) 4.000 habitantes.
c) 10.000 habitantes.
d) 15.000 habitantes.

81. ¿Cuál de los siguientes no es uno de los tres elementos que, conforme al artículo 11.2.º LRL, constituyen el Municipio?

a) La Organización.
b) La Población.
c) Las Competencias (propias o delegadas).
d) El Territorio.

82. La inscripción en el Padrón Municipal solo surtirá efecto por el tiempo que subsista el hecho que la motivó y, en todo caso, cuando se trate de la inscripción de extranjeros no comunitarios sin autorización de residencia permanente, deberá ser objeto de renovación periódica:

a) Cada año.
b) Cada dos años.
c) Cada tres años.
d) Cada cinco años.

83. ¿Cuál de los siguientes datos no es obligatorio a la hora de la inscripción en el Padrón municipal?

a) Lugar y fecha de nacimiento.
b) Sexo.
c) Nacionalidad.
d) Número de teléfono.

84. ¿A qué órgano del Ayuntamiento le corresponde la creación de los distritos?

a) Al Alcalde.
b) A la Junta de Gobierno Local.
c) Al Teniente de Alcalde.
d) Al Pleno de la Corporación.

85. El órgano administrativo responsable de la asistencia jurídica al Alcalde, a la Junta de Gobierno Local y a los órganos directivos, se denomina:

a) Gabinete Jurídico.
b) Asesoría Jurídica.
c) Asesoría Social.
d) Defensa Jurídica del Ayuntamiento.

86. En los Municipios en los que exista un Consejo Social de la Ciudad, este estará integrado por representantes de las organizaciones:

a) Económicas.
b) Sociales y profesionales.

c) Organizaciones de vecinos más representativas.
d) Todas las respuestas anteriores son correctas.

87. Para la consecución de una gestión integral del sistema tributario municipal, los ayuntamientos de los municipios de gran población puede crear un órgano de gestión tributaria. ¿A qué órgano compete su creación?

a) Al Alcalde.
b) A la Junta de Gobierno Local.
c) Al Pleno.
d) Al Interventor.

88. Los conflictos de atribuciones que surjan entre órganos y Entidades dependientes de una misma Corporación Local se resolverán por:

a) El Pleno o el Presidente de la Corporación, según los implicados en el conflicto.
b) Por el Pleno, en todo caso.
c) Por la Junta de Gobierno local.
d) Por la Asesoría Jurídica de la Corporación.

89. Señala cuál de los siguientes no es un servicio que se deba prestar en todos los Municipios:

a) Biblioteca pública.
b) Pavimentación de las vías públicas.
c) Limpieza viaria.
d) Abastecimiento domiciliario de agua potable.

90. No es una competencia que pueda ser ejercida como propia por el Municipio:

a) La protección y gestión del Patrimonio histórico.
b) Policía nacional y protección civil.
c) La protección contra la contaminación acústica.
d) La protección de la salubridad pública.

Solución al test n.º 3

1. d) Todas las respuestas son correctas.

2. d) La población, la organización y el territorio.

3. b) El territorio en que el Ayuntamiento ejerce sus competencias.

4. b) La creación de nuevos municipios solo podrá realizarse sobre la base de núcleos de población territorialmente diferenciados, de al menos 5.000 habitantes.

5. b) En ningún caso.

6. d) Las respuestas a) y c) son correctas.

7. c) Acceder a los aprovechamientos comunales.

8. c) No les atribuirá ningún derecho que no les confiera la legislación vigente.

9. c) El registro administrativo donde constan los vecinos de un municipio.

10. d) Ninguna de las respuestas es correcta.

11. a) Deberá inscribirse únicamente en el Padrón municipal del municipio en el que habite durante más tiempo al año.

12. c) Sí, y su formación se realizará por la Administración General del Estado.

13. d) Los municipios que tradicional y voluntariamente cuenten con ese singular régimen de gobierno y administración.

14. a) El Alcalde, los Tenientes de Alcalde y el Pleno existen en todos los Ayuntamientos.

15. a) Existe en todos los municipios.

16. c) El Concejal que haya obtenido la mayoría absoluta de los votos de los concejales.

17. c) Señoría en los municipios que no sean capitales de provincia ni las ciudades de Madrid y Barcelona.

18. d) Todas las respuestas son verdaderas.

19. b) La aprobación del reglamento orgánico y de las ordenanzas.

20. a) La alteración de la calificación jurídica de los bienes de dominio público.

21. a) No superior al tercio del número legal de los mismos.

22. a) A los municipios que sean capitales autonómicas.

23. b) La aprobación del proyecto de presupuesto.

24. b) El titular de la asesoría jurídica.

25. b) Una Comisión especial de Sugerencias y Reclamaciones.

26. c) Un órgano para la resolución de las reclamaciones económico-administrativas.

27. c) Administración de Justicia.

28. c) En los Municipios con población superior a 50.000 habitantes.

29. c) En los Municipios con población superior a 20.000 habitantes.

30. c) En todos los Municipios.

31. b) Plena.

32. c) Paritario.

33. c) Está prohibida en nuestro ordenamiento jurídico.

34. c) Ayuntamiento respectivo.

35. a) Hay que estar empadronado como tal en él.

36. b) Hacienda Local.

37. b) Alcalde.

39. c) Ministerio de Economía, Comercio y Empresa.

40. c) Administración General del Estado.

41. b) Administración General del Estado.

42. b) Se aplica preferentemente a la establecida por el Reglamento Orgánico de cada Municipio.

43. c) En la sesión constitutiva de la Corporación.

44. d) Las respuestas b) y c) son ciertas.

45. d) Nada de lo expuesto es cierto.

46. c) Cualquier Concejal cuya aceptación expresa conste en el escrito de proposición de la moción.

47. b) El Alcalde cesará automáticamente, quedando en funciones hasta la toma de posesión de quien hubiere de sucederle en el cargo.

48. a) Gobierno de la Nación.

49. c) Presidente.

50. a) La correspondiente Comunidad Autónoma.

51. a) Inclina la votación al sector en el que él haya votado, en caso de empate producido en la reunión de un órgano colegiado.

52. b) Junta de Gobierno Local.

53. d) Nada de lo anterior es correcto.

54. c) Presidente.

55. a) Pleno.

56. c) Trece.

57. a) Alcalde.

58. d) Junta de Gobierno Local.

59. b) Presidente.

60. d) Anteriores, en las materias de sus respectivas competencias.

61. d) Todos los anteriores pueden serlo.

62. d) Un tercio de estos.

63. a) Presidente.

64. c) Pleno.

65. a) Los Municipios.

66. a) Necesario.

67. c) Pleno del Ayuntamiento de que dependan.

68. a) Comisión Especial de Cuentas.

69. a) Comisiones Informativas Especiales.

70. b) Consejo Sectorial.

71. c) Miembro de esta que designe el Presidente.

72. d) Vivir en ella.

73. b) 20.000 habitantes.

74. c) Transporte colectivo urbano de viajeros.

75. d) Limpieza viaria.

76. d) 50.000 habitantes.

77. c) 20.000 habitantes.

78. d) Comunidad Autónoma.

79. c) El Municipio.

80. b) 4.000 habitantes.

81. c) Las Competencias.

82. b) Cada dos años.

83. d) Número de teléfono.

84. d) Al Pleno de la Corporación.

85. b) Asesoría Jurídica.

86. d) Todas las respuestas anteriores son correctas.

87. c) Al Pleno.

88. a) El Pleno o el Presidente de la Corporación, según los implicados en el conflicto.

89. a) Biblioteca pública.

90. b) Policía nacional y protección civil.

Ley 7/1985, de 2 de abril, Reguladora de las Bases del Régimen Local (II): La Provincia: Organización; Competencias. La estructura orgánica de la Excma. Diputación Provincial de Badajoz: Áreas funcionales y delegaciones. Patronatos. Organismos Autónomos. Consorcios

1. De acuerdo con el artículo 141.1 de la Constitución española:

a) La Provincia es una Entidad Local con personalidad jurídica propia, determinada por la agrupación de Municipios y división territorial para el cumplimiento de las actividades de la Comunidad Autónoma.

b) La Provincia es una Entidad Local con personalidad jurídica propia, determinada por la agrupación de comarcas y división territorial para el cumplimiento de las actividades del Estado.

c) La Provincia es una Entidad Local con personalidad jurídica propia, determinada por la agrupación de Municipios y división territorial para el cumplimiento de las actividades del Estado.

d) La Provincia es una Entidad Local con personalidad jurídica propia, determinada por la agrupación de Municipios y división territorial para el cumplimiento de los fines de la Unión Europea.

2. El Decreto de Javier de Burgos fue:

a) El que realizó la efectiva división provincial y fue aprobado en el año 1833.

b) El que aprobó la extinción de las Diputaciones Provinciales en Cataluña.

c) El que realizó la efectiva división provincial y fue aprobado en el año 1843.

d) El que abogó por el carácter regionalista de la provincia.

3. Según la Constitución española:

a) En los Archipiélagos, las Islas tendrán además su administración propia en forma de Cabildos o Consejos.

b) El gobierno y la administración autónoma de las Provincias estarán encomendados a los Ayuntamientos.

c) La Provincia es circunscripción electoral para la elección de Diputados y Senadores.

d) Las respuestas a) y c) son correctas.

4. El territorio de la Nación española se divide en:

a) 40 Provincias.

b) 54 Provincias.

c) 60 Provincias.

d) 50 Provincias.

5. Son fines propios y específicos de la Provincia:

a) Asegurar la prestación integral y adecuada en la totalidad del territorio provincial de los servicios de competencia regional.

b) Participar en la coordinación de la Comunidad Autónoma y el Estado.

c) Garantizar los principios de solidaridad y equilibrio intermunicipales.

d) Asegurar la prestación integral y adecuada en la totalidad del territorio municipal de los servicios públicos.

6. El Presidente de la Diputación deberá jurar o prometer el cargo:

a) Ante la Subdelegación del Gobierno.

b) Ante la Delegación del Gobierno.

c) Ante el Pleno de la misma.

d) Ante el Consejo de Diputaciones.

7. El mandato del Presidente de la Diputación será:

a) Por cinco años, pero puede ser destituido de su cargo mediante moción de censura o por la pérdida de una cuestión de confianza.

b) Por seis años, pero puede ser destituido de su cargo mediante moción de censura o por la pérdida de una cuestión de confianza.

c) Por cuatro años, pero puede ser destituido de su cargo mediante moción de censura o por la pérdida de una cuestión de confianza.

d) Por cuatro años, pero puede ser destituido de su cargo por votación de la mitad de los diputados provinciales.

8. No es una atribución del Presidente de la Diputación:

a) El planteamiento de conflictos de competencias a otras Entidades locales y demás Administraciones Públicas.

b) El ejercicio de las acciones judiciales y administrativas y la defensa de la Diputación en las materias de su competencia.

c) Representar a la Diputación.

d) Aprobar las bases de las pruebas para la selección del personal.

9. Corresponde al Presidente de la Diputación:

a) El ejercicio de las acciones judiciales y administrativas y la defensa en cualquier materia.
b) El despido del personal laboral.
c) La organización de la Diputación.
d) Ninguna respuesta es correcta.

10. El Presidente de la Diputación puede delegar el ejercicio de sus atribuciones, salvo:

a) El despido del personal laboral.
b) Concertar operaciones de crédito.
c) Aprobar la oferta de empleo público.
d) Las respuestas a) y b) son correctas.

11. Si una provincia tiene entre 500.001 a 1.000.000 residentes le corresponderá el siguiente número de Diputados:

a) 51.
b) 27.
c) 25.
d) 31.

12. Los Diputados se repartirán entre los Partidos Judiciales de la correspondiente Provincia, mediante el sistema de:

a) Asignar a cada Partido Judicial dos Diputados y distribuir los restantes proporcionalmente a la población de los mismos.
b) Asignar a cada Partido Judicial un Diputado y distribuir los restantes proporcionalmente a la población de los mismos.
c) Asignar a cada Partido Judicial diez Diputados y distribuir los restantes proporcionalmente a la población de los mismos.
d) Asignar a cada Partido Judicial dos Diputados y distribuir los restantes por el sistema de D'Hondt.

13. No corresponde al Pleno de la Diputación:

a) La aprobación de la plantilla de personal y la relación de puestos de trabajo.
b) La aprobación de los planes de carácter provincial.
c) Distribuir las retribuciones complementarias que no sean fijas y periódicas.
d) La declaración de lesividad de los actos de la Diputación.

14. Es una atribución de la Junta de Gobierno de la Diputación:

a) La asistencia al Pleno en el ejercicio de sus atribuciones.
b) La asistencia a las Comisiones Informativas en el ejercicio de sus atribuciones.
c) La asistencia al Presidente en el ejercicio de sus atribuciones.
d) Las atribuciones que el Pleno le delegue.

15. ¿Se puede perder la condición de Vicepresidente de la Diputación?

a) En ningún caso.
b) Sí, por renuncia expresa manifestada por escrito y por pérdida de la condición de miembro de la Junta de Gobierno.
c) Sí, por renuncia expresa manifestada oralmente y por pérdida de la condición de miembro de la Junta de Gobierno.
d) Sí, por renuncia expresa y por pérdida de la condición de miembro del Pleno.

16. Las Comisiones Informativas de las Diputaciones Provinciales:

a) Tienen por función el estudio, informe o resolución de los asuntos que hayan de ser sometidos a la decisión del Pleno.
b) Tienen por función el estudio, informe o consulta de los asuntos que hayan de ser sometidos a la decisión del Pleno.
c) Pueden ser generales y extinguirse automáticamente una vez que hayan dictaminado o informado sobre el asunto que constituye su objeto.
d) Pueden ser permanentes y se constituyen con carácter especial.

17. En relación con la Comisión Especial de Cuentas de la Diputación:

a) Le corresponde el examen y estudio e informe de todas las cuentas, presupuestarias y extrapresupuestarias, que deba aprobar el Pleno de la Corporación.
b) Su constitución, composición e integración y funcionamiento se ajusta a lo señalado para las demás Comisiones Informativas.
c) Le corresponde canalizar la participación de los ciudadanos y de sus asociaciones en materia de cuentas.
d) Las respuestas a) y b) son correctas.

18. La creación, composición, organización, ámbito de actuación y funcionamiento de los Consejos Sectoriales de las Diputaciones:

a) Serán establecidos en el correspondiente acuerdo plenario.
b) Serán establecidos en la correspondiente Resolución del Presidente.
c) Serán establecidos en el correspondiente acuerdo de la Junta de Gobierno.
d) Ninguna respuesta es correcta.

19. Las Provincias podrán realizar:

a) La gestión ordinaria de servicios propios de la Administración Autonómica.
b) La gestión ordinaria de servicios propios de la Administración Estatal.

c) La gestión ordinaria de servicios propios de la comarcas.

d) Todas las respuestas son falsas.

20. Los conflictos de atribuciones que surjan entre órganos y Entidades dependientes de una misma Corporación Local se resolverán:

a) No existen conflictos de atribuciones sino conflictos de jurisdicciones.

b) Los conflictos de atribuciones los resuelve el Estado.

c) Por el Pleno, cuando se trate de conflictos que afecten a órganos colegiados o miembros de estos.

d) No es posible que existan conflictos de atribuciones entre entidades dependientes de una misma Corporación.

21. ¿Podrán las Comunidades Autónomas crear una organización provincial complementaria a la prevista en la Ley de Bases de Régimen Local?

a) Sí.

b) En los casos que establezca el Reglamento Orgánico de la Diputación.

c) Solo en los supuestos establecidos en la ley.

d) Previa autorización de la Administración Estatal.

22. Las competencias delegadas:

a) Preverán técnicas de dirección y control de oportunidad y eficiencia.

b) En algunos casos preverán técnicas de dirección y control de oportunidad y eficiencia.

c) En ningún caso preverán técnicas de dirección y control de oportunidad y eficiencia.

d) Preverán técnicas de dirección pero no de control de oportunidad y eficiencia.

23. Las competencias propias de los Municipios, las Provincias, las Islas y demás Entidades Locales territoriales:

a) Solo podrán ser determinadas por reglamento y se ejercen en régimen de autonomía.

b) Solo podrán ser determinadas por ley y se ejercen en régimen de autonomía.

c) Solo podrán ser determinadas por ley y se ejercen en régimen de jerarquía.

d) Solo podrán ser determinadas por ley y se ejercen en régimen de tutela.

24. En el caso de la cuestión de confianza, si esta se vincula a la aprobación de los Presupuestos anuales, se entenderá otorgada la confianza si en el plazo de un mes desde que se votó el rechazo de la cuestión de confianza:

a) Se aprueba por mayoría simple.

b) No se presenta una moción de censura con candidato alternativo a Presidente.

c) Se aprueba por mayoría absoluta.

d) Las respuestas a) y c) son correctas

25. Son competencias propias de la Diputación:

a) Cementerios y actividades funerarias.
b) Promoción del deporte e instalaciones deportivas y de ocupación del tiempo libre.
c) Tráfico, estacionamiento de vehículos y movilidad.
d) La prestación de los servicios de administración electrónica y la contratación centralizada en los municipios con población inferior a 20.000 habitantes.

26. No es una competencia de la Diputación:

a) La prestación de servicios públicos de carácter supramunicipal.
b) La coordinación de los servicios municipales entre sí.
c) La asistencia y cooperación jurídica, económica y técnica a los Municipios.
d) Policía local, protección civil, prevención y extinción de incendios.

27. La Diputación:

a) Ejecuta las obras y servicio de competencia municipal establecidos en un plan provincial aprobado mensualmente.
b) Aprueba anualmente un plan provincial de cooperación a las obras y servicios de competencia provincial.
c) Aprueba cada seis meses un plan provincial de cooperación a las obras y servicios de competencia municipal.
d) Aprueba anualmente un plan provincial de cooperación a las obras y servicios de competencia municipal.

28. ¿Quién asegura, en su territorio, la coordinación de los diversos planes provinciales?

a) El Estado.
b) La Comunidad Autónoma.
c) La Comarca.
d) Las Áreas Metropolitanas.

29. La Diputación o entidad equivalente:

a) Asegura el acceso de la población de la Provincia al conjunto de los servicios mínimos de competencia municipal.
b) Da soporte a los Ayuntamientos para la tramitación de procedimientos administrativos.
c) Presta apoyo en la selección y formación del personal de los Ayuntamientos.
d) Todas las respuestas son correctas.

30. Los conflictos de competencias planteados entre diferentes Entidades Locales serán resueltos:

a) Previa audiencia de las Diputaciones afectadas.
b) Previa audiencia de los municipios afectados.
c) Por la Administración del Estado previa audiencia de las Comunidades Autónomas afectadas.
d) Previa audiencia del Estado.

31. Según la Constitución, a la Provincia solo la pueden gobernar y administrar autónomamente los/las:

a) Diputaciones.
b) Plenos de las mismas.
c) Presidentes.
d) Diputaciones u otro tipo de Corporaciones representativas.

32. El Estatuto Provincial de CALVO-SOTELO fue de:

a) 1929.
b) 1924.
c) 1925.
d) 1931.

33. Los órganos desconcentrados y descentralizados para la gestión de los servicios de las Provincias son creados por:

a) El Presidente de la Corporación.
b) El Pleno de la Corporación.
c) La Comisión de Cuentas.
d) La Junta de Gobierno.

34. La división provincial actual arranca del/de la:

a) Constitución vigente.
b) Constitución de 1812.
c) Decreto de Javier de Burgos de 1833.
d) Vigente Ley de Régimen Local.

35. Respecto al Estado, la delimitación provincial del territorio español:

a) Sirve para que este gestione a dicho nivel algunos de sus servicios.
b) Es la base del reconocimiento de los Municipios.
c) No tiene repercusión alguna.
d) Comporta la necesaria descentralización de su organización.

36. El Derecho autonómico ha atribuido a las Provincias la función de prestar servicios de la Comunidad Autónoma de carácter:

a) Delegado.
b) Desconcentrado.
c) Descentralizado.
d) Las respuestas a) y c) son correctas.

37. La denominación y capitalidad de una Provincia puede hacerse por:

a) Ley Orgánica de las Cortes Generales.
b) Ley ordinaria de las mismas.
c) Ley de la Asamblea Legislativa de la Comunidad Autónoma.
d) Real Decreto del Gobierno de la Nación.

38. La Provincia es circunscripción electoral para la elección de/de los:

a) Concejales.
b) Parlamentos Autonómicos.
c) Diputados Provinciales.
d) Todos los anteriores.

39. La alteración de los límites provinciales se efectuará por:

a) Ley de la Asamblea Legislativa de la Comunidad Autónoma respectiva.
b) Ley Orgánica de las Cortes Generales.
c) Acuerdo del Consejo de Ministros.
d) Acuerdo del Consejo de Gobierno de la Comunidad Autónoma correspondiente.

40. El ámbito sectorial en que la Provincia puede actuar con arreglo a Derecho, se denomina:

a) Ámbito decisorio.
b) Programa sectorial.
c) Sector de actuación.
d) Competencia provincial.

41. Las Diputaciones Provinciales fueron abolidas por Fernando VII en:

a) 1812.
b) 1814.
c) 1823.
d) 1833.

42. El número de Provincias existentes en la actualidad, en España, es:

a) Cincuenta y dos.
b) Cincuenta.
c) Cincuenta y uno.
d) Cincuenta y dos más las Islas.

43. La personalidad jurídica de las Provincias se califica por la ley de:

a) Plena.
b) Propia.
c) Depende del Ente que las crea.
d) No la tienen.

44. La Provincia participa en la:

a) Cooperación de la Administración Estatal y Autonómica con la Local.
b) Colaboración de dichas Administraciones.
c) Coordinación de la Administración Local con la de la Comunidad Autónoma y la del Estado.
d) No tiene participación alguna.

45. Los habitantes de una Provincia reciben, por esta condición, el nombre de:

a) Vecinos.
b) Provincianos.
c) Residentes.
d) Ninguno.

46. Son fines propios y específicos de las Provincias:

a) Realizar los servicios de competencia municipal.
b) Coordinar la Administración Municipal con la Estatal y Autonómica.
c) Garantizar los principios de solidaridad y autonomía intermunicipales.
d) Garantizar el principio de equilibrio intermunicipal.

47. En cuanto a los servicios municipales, la Provincia:

a) Debe efectuar su prestación.
b) Basta con que asegure dicha prestación.
c) Los gestiona de común acuerdo con los Ayuntamientos.
d) Nada de lo anterior es cierto.

48. Son órganos necesarios de toda Diputación Provincial el:

a) Pleno, el Presidente y los Vicepresidentes.
b) Presidente, los Vicepresidentes en su caso, el Pleno y la Junta de Gobierno.

c) Pleno, el Presidente, los Vicepresidentes y la Junta de Gobierno en todo caso.

d) Pleno, el Presidente, los Vicepresidentes y la Junta de Gobierno cuando así lo apruebe el Pleno.

49. No es un órgano necesario en una Diputación el/la/los:

a) Comisión Especial de Cuentas.

b) Pleno.

c) Diputados Delegados.

d) Vicepresidentes.

50. Entre los órganos complementarios de las Diputaciones no se encuentran los/las:

a) Juntas Sectoriales.

b) Comisiones Informativas.

c) Comisión Especial de Cuentas.

d) Diputados Delegados.

51. La elección del Presidente de una Diputación Provincial se hará:

a) Entre los que encabecen las correspondientes listas en las elecciones locales.

b) Por mayoría absoluta en primera vuelta y simple en la segunda.

c) Por mayoría absoluta en primera vuelta y, en su defecto, el de la lista más votada.

d) Entre todos los concejales elegidos en los Municipios de la Provincia.

52. Cuando se presente una moción de censura, el Pleno será presidido por una Mesa de edad integrada por:

a) Los concejales de mayor y menor edad de los presentes, excluidos el Alcalde y el candidato a la Alcaldía.

b) Los concejales de mayor edad, excluidos el Alcalde y el candidato a la Alcaldía.

c) Los concejales de menor edad de los presentes, incluidos el Alcalde y el candidato a la Alcaldía.

d) Los concejales de mayor y menor edad, excluidos el Alcalde pero no el candidato a la Alcaldía.

53. El Presidente de la Diputación no puede delegar la siguiente atribución:

a) Presidir la Junta de Gobierno.

b) Aprobar las bases de las pruebas de selección de los funcionarios.

c) Dirigir los servicios y obras de la Diputación.

d) Ninguna de las anteriores puede ser objeto de delegación.

54. La declaración de la excedencia forzosa de un funcionario de la Diputación es competencia del/de la:

a) Pleno de la misma.
b) Presidente.
c) Junta de Gobierno.
d) Junta de Personal.

55. El Presidente de la Diputación puede ejercer acciones judiciales:

a) En caso de urgencia solo.
b) Por delegación de la Junta de Gobierno.
c) En cualquier momento, respecto a las materias de su competencia.
d) Solo cuando afecten a la autonomía de la propia Diputación.

56. Asegurar la gestión de los servicios propios de la Comunidad Autónoma cuya gestión ordinaria esté encomendada a la Diputación es competencia del/de la:

a) Diputado-Delegado que corresponda.
b) Presidente de la Diputación.
c) Pleno de la Diputación.
d) Comunidad Autónoma.

57. Una Diputación de una Provincia con cuatro millones de habitantes tiene el siguiente número de Diputados:

a) Veintisiete.
b) Treinta y uno.
c) Cincuenta y uno.
d) Cincuenta y dos.

58. Las Diputaciones Provinciales de las Provincias con 700.000 habitantes cuentan con:

a) Veinticinco Diputados.
b) Treinta y un Diputados.
c) Cincuenta y un Diputados.
d) Veintisiete Diputados.

59. Los Diputados Provinciales se eligen:

a) Entre los Concejales de los Ayuntamientos de la Provincia.
b) Por los anteriores o los vecinos.
c) Por el Presidente de la Diputación.
d) Por la Junta Electoral de Zona.

60. Los Diputados se repartirán entre los:

a) Partidos políticos.
b) Grupos representados en la Diputación, según el número de Concejales que hayan obtenido en los distintos Municipios.
c) Partidos judiciales.
d) Municipios de la Provincia.

61. El Pleno de una Diputación no puede delegar la siguiente atribución:

a) Aprobación de los Planes de carácter provincial.
b) Organización de la Diputación.
c) Control de los órganos de gobierno.
d) No puede delegar ninguna de las anteriores.

62. La Junta de Gobierno ejerce competencias del Presidente:

a) Descentralizadas.
b) Delegadas.
c) Desconcentradas.
d) De ningún tipo.

63. Un Vicepresidente de una Diputación es un órgano:

a) Complementario.
b) Necesario.
c) Innecesario.
d) Nada de lo expuesto es cierto.

64. Los Diputados Delegados son:

a) Órganos necesarios de las Diputaciones Provinciales.
b) Órganos complementarios de las mismas.
c) No existe esta figura.
d) Elegidos por el Pleno de la Corporación.

65. El Presidente nato de las Comisiones Informativas es el:

a) Presidente de la Diputación Provincial.
b) Subdelegado del Gobierno en la Provincia.
c) Diputado-Delegado encargado del Área a que dediquen su actuación.
d) Vicepresidente de la Diputación, por delegación del Presidente.

66. En la organización provincial, los órganos que se constituyen, con participación ciudadana, para hacer un seguimiento de cuestiones de especial interés para la colectividad son los/las:

a) Comisiones Informativas.
b) Juntas de Distrito.
c) Asambleas Vecinales.
d) Consejos Sectoriales.

67. En la organización provincial, los órganos que se constituyen inexorablemente para preparar y dictaminar los asuntos que se sometan al Pleno de la Diputación, son los/las:

a) Comisiones Informativas.
b) Órganos desconcentrados.
c) Consejos Sectoriales.
d) Órganos delegados.

68. Los conflictos de atribuciones que surjan entre dos Diputados Delegados se resuelven por:

a) Pleno de la Diputación.
b) Presidente de la misma.
c) Tribunal Superior de Justicia pertinente.
d) Pleno de los Ayuntamientos de donde procedan.

69. La asistencia y cooperación jurídica, económica y técnica por parte de las Diputaciones Provinciales debe dirigirse principalmente al/a los/las:

a) Comarcas constituidas en su territorio.
b) Municipios más conflictivos.
c) Municipios de menor capacidad económica y de gestión.
d) Ayuntamiento de la capital de la Provincia.

70. ¿Quién aprueba el Plan Provincial de Cooperación a las Obras y Servicios de competencia municipal?

a) El Presidente de la Diputación.
b) Los Alcaldes de los pueblos afectados.
c) La Comunidad Autónoma.
d) El Pleno de la Diputación.

71. Los Planes Provinciales de Cooperación a las Obras y Servicios de competencia municipal se sufragan con:

a) Medios exclusivos de la Diputación de que se trata.
b) Subvenciones de los Municipios interesados.
c) Aportaciones de los propios Municipios, medios de la Diputación y subvenciones de otras Administraciones Públicas.
d) Operaciones de crédito avaladas por el Estado y la Comunidad Autónoma.

72. Los Municipios afectados, en la elaboración de los Planes Provinciales de Cooperación a las Obras y Servicios de competencia municipal:

a) Deben participar.
b) Solo son informados de sus directrices.
c) Lo aprueban en Asamblea de sus respectivos Alcaldes.
d) No tienen nada que hacer.

73. En la tramitación de los procedimientos administrativos por los Ayuntamientos, las Diputaciones Provinciales:

a) Sustituyen a los mismos.
b) No puede intervenir.
c) Da soporte a los mismos, cuando aquellos se lo encomienden.
d) Nada de lo expuesto es cierto.

74. Contra la decisión de una Comunidad Autónoma resolviendo un conflicto de competencias entre dos Diputaciones puede plantearse recurso:

a) De amparo.
b) Contencioso-administrativo.
c) De inconstitucionalidad.
d) De ningún tipo.

75. La Junta de Gobierno se integra por el Presidente y un número de Diputados:

a) Inferior a 32.
b) No superior a la mitad del número de los mismos.
c) No superior al tercio del número legal de los mismos.
d) No superior a 21.

76. Señala la respuesta incorrecta respecto a la Provincia:

a) En los Archipiélagos, las Islas tendrán además su administración propia en forma de Cabildos o Consejos.
b) El gobierno y la administración autónoma de las Provincias estarán encomendados a Diputaciones u otras Corporaciones de carácter representativo.

c) No se podrán crear agrupaciones de Municipios diferentes de la Provincia.

d) Cualquier alteración de los límites provinciales habrá de ser aprobada por las Cortes Generales mediante ley orgánica.

77. ¿Hasta qué número de residentes, las Diputaciones, contarán con 25 Diputados Provinciales?

a) Hasta 500.000.
b) Hasta 500.001.
c) Hasta 750.000.
d) Hasta 750.001.

78. ¿Quién elige a los Diputados Provinciales?

a) Los Alcaldes de todos los Ayuntamientos del Partido Judicial.
b) Los vecinos de la Provincia mediante sufragio.
c) Los Concejales electos de todos los Ayuntamientos del Partido Judicial.
d) El Presidente de la Diputación Provincial.

79. ¿A quién corresponde el ejercicio de acciones administrativas y la defensa de la Corporación Provincial en materias de competencia plenaria?

a) Al Presidente de la Diputación.
b) Al Pleno de la Diputación Provincial.
c) A la Junta de Gobierno de la Diputación.
d) Al Vicepresidente Primero de la Diputación.

80. Señala cuál de las siguientes no es un Área de la Diputación Provincial de Badajoz:

a) Área de Desarrollo Municipal.
b) Área de Recursos Humanos y Régimen Interior.
c) Área de Infraestructuras, Movilidad y Ordenación del Territorio.
d) Área de Desarrollo Rural, Reto Demográfico y Turismo.

81. El Servicio de Régimen Jurídico y Tramitación de Subvenciones, a qué Área de la Diputación Provincial de Badajoz pertenece:

a) Al Área de Economía, Subvenciones y Patrimonio.
b) Al Área de Hacienda y Presupuestos.
c) Al Área de Economía, Hacienda, Compras y Patrimonio.
d) Al Área de Presupuestos Municipales.

82. Mantenimiento, conservación y vigilancia de la red provincial de carreteras, es competencia del:

a) Área de Movilidad y Transportes.
b) Área de Infraestructuras, Movilidad y Ordenación del Territorio.

c) Área de Transportes, Movilidad Urbana y Carreteras.
d) Área de Ordenación del Territorio y Carreteras.

83. El Coordinador del Boletín Oficial de la Provincia, a qué Área de la Diputación Provincial de Badajoz pertenece:

a) Al Área Cooperación Municipal.
b) Al Área de Presidencia.
c) Al Área de Relaciones Institucionales y Cooperación.
d) Al Área de Economía, Hacienda, Compras y Patrimonio.

84. El Servicio de Desarrollo de Sistemas de Información, a qué Área de la Diputación Provincial de Badajoz pertenece:

a) Al Área de Transición Tecnológica.
b) Al Área de Recursos Humanos.
c) Al Área de Tecnología y Digitalización.
d) Al Área de I+D y Digitalización.

Solución al test n.º 4

1. c) La Provincia es una Entidad Local con personalidad jurídica propia, determinada por la agrupación de Municipios y división territorial para el cumplimiento de las actividades del Estado.

2. a) El que realizó la efectiva división provincial y fue aprobado en el año 1833.

3. d) Las respuestas a) y c) son correctas.

4. d) 50 Provincias.

5. c) Garantizar los principios de solidaridad y equilibrio intermunicipales.

6. c) Ante el Pleno de la misma.

7. c) Por cuatro años, pero puede ser destituido de su cargo mediante moción de censura o por la pérdida de una cuestión de confianza.

8. a) El planteamiento de conflictos de competencias a otras Entidades locales y demás Administraciones Públicas.

9. b) El despido del personal laboral.

10. d) Las respuestas a) y b) son correctas.

11. b) 27.

12. b) Asignar a cada Partido Judicial un Diputado y distribuir los restantes proporcionalmente a la población de los mismos.

13. c) Distribuir las retribuciones complementarias que no sean fijas y periódicas.

14. c) La asistencia al Presidente en el ejercicio de sus atribuciones.

15. b) Sí, por renuncia expresa manifestada por escrito y por pérdida de la condición de miembro de la Junta de Gobierno.

16. b) Tienen por función el estudio, informe o consulta de los asuntos que hayan de ser sometidos a la decisión del Pleno.

17. d) Las respuestas a) y b) son correctas.

18. a) Serán establecidos en el correspondiente acuerdo plenario.

19. a) La gestión ordinaria de servicios propios de la Administración Autonómica.

20. c) Por el Pleno, cuando se trate de conflictos que afecten a órganos colegiados o miembros de estos.

21. a) Sí.

22. a) Preverán técnicas de dirección y control de oportunidad y eficiencia.

23. b) Solo podrán ser determinadas por ley y se ejercen en régimen de autonomía.

24. b) No se presenta una moción de censura con candidato alternativo a Presidente.

25. d) La prestación de los servicios de administración electrónica y la contratación centralizada en los municipios con población inferior a 20.000 habitantes.

26. d) Policía local, protección civil, prevención y extinción de incendios.

27. d) Aprueba anualmente un plan provincial de cooperación a las obras y servicios de competencia municipal.

28. b) La Comunidad Autónoma.

29. d) Todas las respuestas son correctas.

30. c) Por la Administración del Estado previa audiencia de las Comunidades Autónomas afectadas.

31. d) Diputaciones u otro tipo de Corporaciones representativas.

32. c) 1925.

33. b) El Pleno de la Corporación.

34. b) Constitución de 1812.

35. a) Sirve para que este gestione a dicho nivel algunos de sus servicios.

36. d) Las respuestas a) y c) son correctas.

37. b) Ley ordinaria de las mismas.

38. b) Parlamentos Autonómicos.

39. b) Ley Orgánica de las Cortes Generales.

40. d) Competencia provincial.

41. b) 1814.

42. b) Cincuenta.

43. b) Propia.

44. c) Coordinación de la Administración Local con la de la Comunidad Autónoma y la del Estado.

45. d) Ninguno.

46. d) Garantizar el principio de equilibrio intermunicipal.

47. b) Basta con que asegure dicha prestación.

48. c) Pleno, el Presidente, los Vicepresidentes y la Junta de Gobierno en todo caso.

49. c) Diputados Delegados.

50. a) Juntas Sectoriales.

51. b) Por mayoría absoluta en primera vuelta y simple en la segunda.

52. a) Los concejales de mayor y menor edad de los presentes, excluidos el Alcalde y el candidato a la Alcaldía.

53. a) Presidir la Junta de Gobierno.

54. b) Presidente.

55. c) En cualquier momento, respecto a las materias de su competencia.

56. b) Presidente de la Diputación.

57. c) Cincuenta y uno.

58. d) Veintisiete Diputados.

59. a) Entre los Concejales de los Ayuntamientos de la Provincia.

60. c) Partidos judiciales.

61. d) No puede delegar ninguna de las anteriores.

62. b) Delegadas.

63. b) Necesario.

64. b) Órganos complementarios de las mismas.

65. a) Presidente de la Diputación Provincial.

66. d) Consejos Sectoriales.

67. a) Comisiones Informativas.

68. b) Presidente de la misma.

69. c) Municipios de menor capacidad económica y de gestión.

70. d) El Pleno de la Diputación.

71. c) Aportaciones de los propios Municipios, medios de la Diputación y subvenciones de otras Administraciones Públicas.

72. a) Deben participar.

73. c) Da soporte a los mismos, cuando aquellos se lo encomienden.

74. b) Contencioso-administrativo.

75. c) No superior al tercio del número legal de los mismos.

76. c) No se podrán crear agrupaciones de Municipios diferentes de la Provincia.

77. a) Hasta 500.000.

78. c) Los Concejales electos de todos los Ayuntamientos del Partido Judicial.

79. b) Al Pleno de la Diputación Provincial.

80. a) Área de Desarrollo Municipal.

81. c) Al Área de Economía, Hacienda, Compras y Patrimonio.

82. b) Área de Infraestructuras, Movilidad y Ordenación del Territorio.

83. a) Al Área Cooperación Municipal.

84. c) Al Área de Tecnología y Digitalización.

TEST N.º 5

Real Decreto 2568/1986, de 28 de noviembre, por el que se aprueba el Reglamento de Organización, Funcionamiento y Régimen Jurídico de las Entidades Locales: Disposiciones Generales; Estatuto de los miembros de las Corporaciones Locales. Organización necesaria de los Entes Locales territoriales

1. Señala cuál de las siguientes no es una potestad o prerrogativa de una Entidad Local:

a) Tributaria y financiera.
b) La embargabilidad de sus bienes y derechos en los términos previstos en las leyes.
c) De ejecución forzosa y sancionadora.
d) Expropiatoria y de investigación.

2. El Presidente de la Diputación Provincial de Barcelona es:

a) Excelentísimo.
b) Ilustrísimo.
c) Señoría.
d) No existe esta figura allí.

3. El mandato de un Presidente de Diputación Provincial dura normalmente:

a) Cuatro años.
b) Cinco años.
c) Dos años, siendo reelegible.
d) Nueve años.

4. El nombramiento de los Vicepresidentes de las Diputaciones corresponde al/a la:

a) Pleno de cada Entidad.
b) Presidente de cada Entidad.
c) Grupo Político mayoritario.
d) Junta de Gobierno.

5. El Pleno de una Diputación, respecto del nombramiento del Vicepresidente de la misma:

a) Lo confirma.
b) Toma nota.
c) No tiene nada que hacer.
d) Puede revocarlo.

6. Los Vicepresidentes, en cuanto a las delegaciones de competencias que hubiere otorgado el Presidente:

a) Pueden revocarlas en cualquier momento.
b) Solo las pueden revocar cuando lo sustituyan por causa de ausencia o enfermedad.
c) En el supuesto anterior, no pueden revocarlas.
d) Nada de lo expuesto es correcto.

7. Cuando un Teniente de Alcalde sustituye al Alcalde en una sesión, en la deliberación y votación de un asunto en el que el sustituido debe abstenerse:

a) Tiene un doble voto.
b) Preside circunstancialmente la misma.
c) No puede votar.
d) No puede hacerlo.

8. El Pleno, respecto del nombramiento de los Tenientes de Alcalde:

a) Es oído previamente.
b) Toma conocimiento.
c) Lo aprueba.
d) No tiene nada que hacer.

9. En los Municipios que funcionen en régimen de Concejo Abierto, el gobierno y administración se ejercerá por:

a) Una Comisión integrada por los Concejales y por el Alcalde elegido directamente por ellos
b) Una Asamblea integrada por todos los electores existentes en el Municipio y por el Alcalde elegido directamente por ellos.
c) El Alcalde.
d) El Teniente de Alcalde.

10. Los Municipios, las Provincias, las Islas y las otras entidades locales territoriales:

a) No están exentos de tributos e impuestos.
b) Están exentos de tributos del Estado y de las Comunidades Autónomas, pero no de los tripbutos locales.

c) Están exentos de tributos del Estado y pero no de los de las Comunidades Autónomas.
d) Están exentos de tributos del Estado y de las Comunidades Autónomas.

11. El Concejal, Diputado o miembro de cualquier entidad local que resultare proclamado electo, deberá presentar la credencial ante:

a) El Alcalde.
b) El Pleno.
c) La Secretaría General.
d) La Asesoría Jurídica.

12. Señala la opción incorrecta. El Concejal, Diputado o miembro de cualquier entidad local perderá su condición de tal, por las siguientes causas:

a) Por fallecimiento o incapacitación, declarada ésta por decisión judicial firme.
b) Por renuncia, que deberá hacerse efectiva por escrito ante el Alcalde.
c) Por decisión judicial firme, que anule la elección o proclamación.
d) Por pérdida de la nacionalidad española.

13. ¿Quiénes percibirán asistencias por la concurrencia efectiva a las sesiones de los órganos colegiados de que formen parte?

a) Todos los Concejales que efectivamente concurran a las sesiones.
b) Los miembros de la Corporación que no tengan dedicación exclusiva.
c) Todos los miembros de la Corporación.
d) Los miembros de la Corporación que tengan dedicación exclusiva.

14. De los acuerdos de los órganos colegiados de las Corporaciones Locales serán responsables:

a) Aquellos de sus miembros que los hubieren votado favorablemente.
b) Aquellos de sus miembros que los hubieren votado en contra.
c) Todos los miembros de la Corporación que hayan asistido a la votación.
d) Todos los miembros de la Corporación.

15. La custodia y dirección del Registro de intereses corresponde:

a) Al Alcalde.
b) Al Interventor.
c) Al Secretario.
d) Al Teniente de Alcalde.

16. Los Alcaldes de los municipios, que no sean de Madrid y Barcelona, tendrán el tratamiento de:

a) Excelencia.
b) Ilustrísima.

c) Señoría.
d) D./Dª.

17. El Presidente de la Diputación Provincial de Barcelona tendrá el tratamiento de:

a) Excelencia.
b) Ilustrísima.
c) Señoría.
d) D./Dª.

18. El Presidente de las demás Diputaciones Provinciales tendrá el tratamiento de:

a) Excelencia.
b) Ilustrísima.
c) Señoría.
d) D./Dª.

19. Como regla general, las Corporaciones municipales se constituyen en sesión pública:

a) El vigésimo día posterior a la celebración de las elecciones.
b) El vigésimo quinto día posterior a la celebración de las elecciones.
c) El trigésimo día posterior a la celebración de las elecciones.
d) El trigésimo quinto día posterior a la celebración de las elecciones.

20. Señala la opción incorrecta. El Concejal, Diputado o miembro de cualquier entidad local perderá su condición de tal por las siguientes causas:

a) Por incompatibilidad, en los supuestos y condiciones establecidos en la legislación electoral.
b) Por extinción del mandato, al expirar su plazo.
c) Por fallecimiento o incapacitación, declarada ésta por decisión judicial firme.
d) Por decisión judicial recurrible, que anule la elección o proclamación.

Solución al test n.º 5

1. b) La embargabilidad de sus bienes y derechos en los términos previstos en las leyes.

2. a) Excelentísimo.

3. a) Cuatro años.

4. b) Presidente de cada Entidad.

5. b) Toma nota.

6. c) En el supuesto anterior, no pueden revocarlas.

7. b) Preside circunstancialmente la misma.

8. b) Toma conocimiento.

9. b) Una Asamblea integrada por todos los electores existentes en el Municipio y por el Alcalde elegido directamente por ellos.

10. d) Están exentos de tributos del Estado y de las Comunidades Autónomas.

11. c) La Secretaría General.

12. b) Por renuncia, que deberá hacerse efectiva por escrito ante el Alcalde.

13. b) Los miembros de la Corporación que no tengan dedicación exclusiva.

14. a) Aquellos de sus miembros que los hubieren votado favorablemente.

15. c) Al Secretario.

16. c) Señoría.

17. a) Excelencia.

18. b) Ilustrísima.

19. a) El vigésimo día posterior a la celebración de las elecciones.

20. d) Por decisión judicial recurrible, que anule la elección o proclamación.

Ley 8/2011, de 23 de marzo, de Igualdad entre Mujeres y Hombres y contra la Violencia de Género en Extremadura: Disposiciones generales. Integración de la perspectiva de Género en las Políticas Públicas. Violencia de Género: Derechos de las mujeres en situaciones de violencia de género a la atención integral y efectiva

1. Según la Ley 8/2011 de Igualdad de Extremadura, el principio general de actuación que impone a los poderes públicos de Extremadura, en el marco de sus competencias, la obligación de adoptar medidas específicas a favor de las mujeres para corregir situaciones patentes de desigualdad de hecho respecto de los hombres, que serán aplicables en tanto subsistan dichas situaciones, habrán de ser razonables y proporcionadas en relación con el objetivo perseguido en cada caso, se denomina:

a) La igualdad de oportunidades.
b) El respeto a la diversidad y la diferencia.
c) La igualdad de trato entre mujeres y hombres.
d) Acción positiva.

2. Según la Ley 8/2011, ¿qué medidas se establecen para combatir la violencia de género?

a) Exclusivamente la atención a mujeres víctimas de violencia.
b) Sanciones económicas a los agresores.
c) Sensibilización, prevención y derechos de asistencia, protección y recuperación integral para las víctimas y sus familias.
d) Eliminación de los derechos laborales de los agresores.

3. Las técnicas de análisis y planificación que tienen en cuenta la interacción que se produce entre el género y otros factores de discriminación, con el objetivo de atender a la diversidad de las mujeres, mediante la puesta en marcha de mecanismos antidiscriminación de acción integral, se llaman:

a) La interseccionalidad.
b) La transversalidad.

c) La representación equilibrada.
d) El fomento de la diversidad y la diferencia.

4. Según el artículo 2 de la Ley 8/2011, la ley será de aplicación en el ámbito territorial de la Comunidad Autónoma de Extremadura para los siguientes colectivos salvo uno. Indica cuál:

a) Universidad de Extremadura.
b) Todas las entidades que realicen actividades educativas y de formación cualquiera que sea su tipo, nivel y grado.
c) Las Fuerzas Armadas.
d) A las entidades privadas que suscriban contratos o convenios de colaboración con las Administraciones Públicas de Extremadura o sean beneficiarias de ayudas o subvenciones concedidas por ellas.

5. Se entiende que cualquier tipo de trato desfavorable relacionado con el embarazo, la maternidad o la paternidad constituye:

a) Una situación de desigualdad.
b) Discriminación directa por razón de sexo.
c) Discriminación indirecta.
d) Acoso por razón de sexo.

6. ¿Qué implica la "igualdad de oportunidades" según el artículo 3 de la Ley 8/2011?

a) Adoptar medidas para garantizar el acceso a derechos y eliminar discriminación.
b) Tratar a todos de manera idéntica en cualquier situación.
c) Promover leyes generales sin intervención específica en desigualdades.
d) Establecer políticas laborales únicamente para mujeres.

7. En virtud del principio de ruptura de la brecha de género en la Sociedad de la Información, el Conocimiento y la Imaginación ¿Qué han de priorizar los poderes públicos extremeños para la supresión de cualquier tipo de discriminación y el fomento de la igualdad entre mujeres y los hombres?

a) Promover el acceso exclusivo de las mujeres a la tecnología.
b) Implementar políticas de discriminación positiva para hombres.
c) Considerar las implicaciones de género en el avance estratégico hacia la igualdad.
d) Establecer cuotas de participación femenina en empresas tecnológicas.

8. ¿Qué se entiende por "acción positiva" en el marco de esta ley?

a) Programas diseñados exclusivamente para mujeres empresarias.
b) Medidas específicas para corregir desigualdades mediante políticas afirmativas.

c) Aplicación de políticas de igualdad solo en el ámbito educativo.
d) Exclusión de hombres en sectores donde predominan las mujeres.

9. ¿Qué principio fomenta la representación equilibrada según la Ley 8/2011?

a) La promoción exclusiva de mujeres en cargos públicos.
b) La imposición de cuotas exclusivamente femeninas en empresas privadas. c) La reducción de la participación masculina en las candidaturas políticas.
d) La paridad de género en órganos de representación y toma de decisiones.

10. ¿Qué se entiende por "discriminación interseccional"?

a) La discriminación basada únicamente en el género.
b) La discriminación que combina racismo y sexismo.
c) La discriminación debida a la orientación sexual.
d) La discriminación causada por el lugar de residencia.

11. Dentro de la Ley 8/2011, la integración de la perspectiva de género en las políticas públicas se contempla en el Título:

a) I.
b) II.
c) III.
d) IV.

12. La incorporación de la perspectiva de la igualdad de género en la elaboración, ejecución y seguimiento de las disposiciones normativas, así como de las políticas y actividades en todos los ámbitos de actuación, considerando sistemáticamente las prioridades y necesidades propias de las mujeres y de los hombres, teniendo en cuenta su incidencia en la situación específica de unas y otros, al objeto de adaptarlas para eliminar los efectos discriminatorios y fomentar la igualdad de género, se denomina:

a) Interseccionalidad.
b) Representación específica.
c) Transversalidad de género.
d) Acción positiva.

13. ¿Qué organismo elaborará normas o directrices en las que se indiquen las pautas a seguir para la realización de la evaluación previa del impacto en función del género?

a) El Instituto de la Mujer de Extremadura.
b) El Consejo Extremeño de Participación de las Mujeres.
c) La Comisión de Impacto de Género de Extremadura.
d) La Junta de Extremadura.

14. Todos los Proyectos de Ley que apruebe el Consejo de Gobierno deben incorporar:

a) Un informe sobre el impacto por razón de género, por parte de quien reglamentariamente se determine.
b) Una discusión parlamentaria con acta de sesión.
c) Una evaluación de la propuesta/proyecto correspondiente.
d) Una norma con las pautas a seguir para realizar una evaluación sobre el impacto por razón de género en diferentes ámbitos.

15. El Plan Estratégico para la Igualdad entre Mujeres y Hombres de la Junta de Extremadura, será aprobado cada:

a) Dos años.
b) Tres años.
c) Cuatro años.
d) Cinco años.

16. Para la aprobación del Plan Estratégico para la Igualdad entre Mujeres y Hombres de Extremadura será necesario el dictamen de:

a) La Junta de Extremadura.
b) El Consejo Extremeño de Participación de las Mujeres.
c) El Instituto de la Mujer de Extremadura.
d) La Consejería competente en materia de igualdad.

17. ¿Qué objetivos persigue el Plan Estratégico para la Igualdad entre Mujeres y Hombres en Extremadura?

a) Aumentar las subvenciones para proyectos de igualdad.
b) Garantizar la plena igualdad y eliminar la discriminación por razón de sexo.
c) Promover campañas de sensibilización sobre derechos humanos.
d) Reforzar las leyes existentes contra la violencia de género.

18. El informe de evaluación de impacto de género sobre el anteproyecto de Ley del Presupuesto de la Comunidad Autónoma de Extremadura será emitido por:

a) La Junta de Extremadura.
b) El Consejo Extremeño de Participación de las Mujeres.
c) La Comisión de Impacto de Género de Extremadura.
d) La Consejería competente en materia de Igualdad.

19. ¿Qué organismo será el encargado del control del cumplimiento de lo previsto en el artículo 27 de la Ley 8/2011, sobre el uso del lenguaje e imagen no sexista en el ámbito administrativo, en los documentos y soportes que produzcan directamente o a través de terceras personas o entidades, y fomentarán la implantación de un lenguaje no sexista en la totalidad de los ámbitos sociales, culturales y artísticos?

a) El Instituto de la Mujer de Extremadura.
b) La Consejería competente en materia de Igualdad.
c) La Comisión de Impacto de Género de Extremadura.
d) La Consejería competente en asuntos de Presidencia.

20. Señala la respuesta incorrecta. Los Poderes Públicos de Extremadura, para hacer efectivas las disposiciones de la Ley 8/2011 y garantizar de modo efectivo la integración de la perspectiva de género en su ámbito de actuación, deberán:

a) Realizar estudios y análisis sobre los contenidos de propuestas, planes, programas y todo tipo de actuaciones que conduzcan a una mejor integración de las mujeres en la sociedad, especialmente en la Comunidad Autónoma de Extremadura.
b) Incluir sistemáticamente la variable sexo en las estadísticas, encuestas y recogida de datos que realicen.
c) Incorporar indicadores de género en las operaciones estadísticas que posibiliten un mejor conocimiento de las diferencias en los valores, roles, situaciones, condiciones, expectativas y necesidades de mujeres y hombres, su manifestación e interacción en la realidad que se vaya a analizar.
d) Analizar los resultados desde la dimensión de género.

21. ¿En qué Título de la Ley 8/2011 se exponen las medidas de prevención de la violencia de género y en la atención y protección a las víctimas de la misma?

a) Título II.
b) Título IV.
c) Título V.
d) Título III.

22. Señala la respuesta incorrecta. Los derechos de las mujeres en situaciones de violencia de género respecto a la atención integral y efectiva son:

a) Derecho a la atención social.
b) Derecho a la consideración especial de personas en riesgo de exclusión.
c) Derecho a la atención efectiva.
d) Derecho a la atención y la asistencia sanitarias específicas.

23. Los medios de prueba calificados para la identificación de las situaciones de violencia de género son los siguientes excepto uno. Indica cuál:

a) La orden de protección vigente.
b) El informe del Instituto de la Mujer de Extremadura.
c) La sentencia de cualquier orden jurisdiccional.
d) La declaración de la propia mujer.

24. La prestación de los servicios de asistencia jurídica a las mujeres que han sufrido violencia de género y la garantía de la asistencia en todo el territorio de Extremadura a través de los Servicios especializados de los Colegios de Abogados, u otros organismos o instituciones se realizará a través de:

a) La Consejería competente en materia de Igualdad.
b) La Comisión de Impacto de Género de Extremadura.
c) La Red Extremeña de Atención a Víctimas de Violencia de Género.
d) La Consejería competente en asuntos de Presidencia.

25. Señala la respuesta incorrecta. En la Comunidad Autónoma de Extremadura, las mujeres que sufren cualquier forma de violencia de género y se encuentren en situación de vulnerabilidad económica, laboral, o de cualquier otra dificultad social, como consecuencia de padecer dicha situación de violencia, tendrán:

a) Acceso a un puesto de trabajo público.
b) Acceso a una vivienda.
c) Acceso a ayudas escolares para sus hijos e hijas.
d) Acceso a ayudas y prestaciones económicas generales.

Solución al test n.º 6

1. d) Acción positiva.

2. c) Sensibilización, prevención y derechos de asistencia, protección y recuperación integral para las víctimas y sus familias.

3. a) La interseccionalidad.

4. c) Las Fuerzas Armadas.

5. b) Discriminación directa por razón de sexo.

6. a) Adoptar medidas para garantizar el acceso a derechos y eliminar discriminación.

7. c) Considerar las implicaciones de género en el avance estratégico hacia la igualdad.

8. b) Medidas específicas para corregir desigualdades mediante políticas afirmativas.

9. d) La paridad de género en órganos de representación y toma de decisiones.

10. b) La discriminación que combina racismo y sexismo.

11. b) II.

12. c) Transversalidad de género.

13. d) La Junta de Extremadura.

14. a) Un informe sobre el impacto por razón de género, por parte de quien reglamentariamente se determine.

15. c) Cuatro años.

16. b) El Consejo Extremeño de Participación de las Mujeres.

17. b) Garantizar la plena igualdad y eliminar la discriminación por razón de sexo.

18. c) La Comisión de Impacto de Género de Extremadura.

19. d) La Consejería competente en asuntos de Presidencia.

20. a) Realizar estudios y análisis sobre los contenidos de propuestas, planes, programas y todo tipo de actuaciones que conduzcan a una mejor integración de las mujeres en la sociedad, especialmente en la Comunidad Autónoma de Extremadura.

21. b) Título IV.

22. b) Derecho a la consideración especial de personas en riesgo de exclusión.

23. d) La declaración de la propia mujer.

24. c) La Red Extremeña de Atención a Víctimas de Violencia de Género.

25. a) Acceso a un puesto de trabajo público.

Ley 39/2015, de 1 de octubre, del Procedimiento Administrativo Común de las Administraciones Públicas (I): Título Preliminar. Disposiciones generales. Título I. De los interesados en el procedimiento

1. En materia de representación, la LPACAP incluye nuevos medios para acreditarla en el ámbito exclusivo de las Administraciones Públicas, como son, entre otros:

a) El apoderamiento notarial de forma electrónica.
b) El apoderamiento *apud acta*, presencial o electrónico.
c) El apoderamiento *anod actus*, presencial o electrónico.
d) El apoderamiento *acta omnis*, presencial.

2. La LPACAP establece, con carácter general, la obligación de las Administraciones Públicas de:

a) No admitir que el interesado pueda presentar con carácter general copias de documentos en soporte papel.
b) No admitir que el interesado pueda presentar con carácter general copias de documentos que hayan sido digitalizadas.
c) Requerir documentos ya aportados por los interesados, elaborados por las Administraciones Públicas o documentos originales.
d) No requerir documentos ya aportados por los interesados, elaborados por las Administraciones Públicas o documentos originales.

3. La edad mínima para entablar por sí solo relaciones con la Administración Pública es de:

a) Dieciocho años.
b) Depende de los casos.
c) Veintiún años la mujer casada.
d) Dieciséis años.

4. La falta o insuficiente acreditación de la representación no impedirá que se tenga por realizado el acto de que se trate, siempre que se aporte aquella o se subsane el defecto dentro del plazo que deberá conceder al efecto el órgano administrativo, de:

a) Un mes, o de un plazo superior cuando las circunstancias del caso así lo requieran.
b) Veinte días, o de un plazo superior cuando las circunstancias del caso así lo requieran.
c) Quince días, o de un plazo superior cuando las circunstancias del caso así lo requieran.
d) Diez días, o de un plazo superior cuando las circunstancias del caso así lo requieran.

5. Los poderes inscritos en el registro electrónico de apoderamiento tendrán una validez determinada máxima de:

a) Diez años a contar desde la fecha de inscripción.
b) Cinco años a contar desde la fecha de inscripción.
c) Tres años a contar desde la fecha de inscripción.
d) Dos años a contar desde la fecha de inscripción.

6. Señala la respuesta incorrecta respecto a los interesados:

a) Se consideran interesados en el procedimiento administrativo los que, sin haber iniciado el procedimiento, tengan derechos que puedan resultar afectados por la decisión que en el mismo se adopte.
b) Cuando en una solicitud, escrito o comunicación figuren varios interesados, las actuaciones a que den lugar se efectuarán con el representante o el interesado que expresamente hayan señalado, y, en su defecto, con cualquiera de los demás.
c) Cuando la condición de interesado derivase de alguna relación jurídica transmisible, el derecho-habiente sucederá en tal condición cualquiera que sea el estado del procedimiento.
d) La presentación de una denuncia y la comparecencia en el trámite de información pública, respectivamente, no confieren u otorgan, por sí solas, la condición de interesado en el procedimiento.

7. En Derecho Administrativo, a diferencia del Derecho Privado, se puede reconocer a los menores de edad:

a) Capacidad jurídica.
b) Capacidad de obrar.
c) Ambas capacidades.
d) Ninguna de ellas.

8. Señala la respuesta incorrecta. Las Administraciones Públicas solo requerirán a los interesados el uso obligatorio de firma para:

a) Presentar declaraciones responsables o comunicaciones.
b) Adquirir derechos.

c) Interponer recursos.
d) Formular solicitudes.

9. Si durante la instrucción de un procedimiento, se advierte la existencia de personas que sean titulares de derechos o intereses legítimos y directos cuya identificación resulte del expediente y que puedan resultar afectados por la resolución que se dicte:

a) Se comunicará a dichas personas la tramitación del procedimiento cuando así lo solicite el interesado que inició el procedimiento.
b) Se publicará por edictos.
c) Se comunicará a dichas personas la tramitación del procedimiento cuando este no haya tenido publicidad.
d) No se comunicará, salvo que se presenten en forma legal en el procedimiento.

10. Con carácter general, para realizar cualquier actuación prevista en el procedimiento administrativo, será suficiente con que los interesados acrediten previamente su identidad a través de cualquiera de los medios de identificación previstos en la Ley 39/2015, de 1 de octubre. Las Administraciones Públicas NO requerirán a los interesados el uso obligatorio de firma para:

a) Identificar a las autoridades y al personal al servicio de las Administraciones Públicas bajo cuya responsabilidad se tramiten los procedimientos.
b) Desistir de acciones.
c) Presentar declaraciones responsables o comunicaciones.
d) Formular solicitudes.

11. En relación con la asistencia en el uso de medios electrónicos a los interesados, el art. 12.2 de la Ley 39/2015, de 1 de octubre, dispone que las Administraciones Públicas asistirán en el uso de medios electrónicos:

a) A quienes ejerzan una actividad profesional para la que se requiera colegiación obligatoria, para los trámites y actuaciones que realicen con las Administraciones Públicas en ejercicio de dicha actividad profesional.
b) A ciertos colectivos de personas físicas que por razón de su capacidad económica, técnica, dedicación profesional u otros motivos quede acreditado que tienen acceso y disponibilidad de los medios electrónicos necesarios.
c) A los empleados de las Administraciones Públicas para los trámites y actuaciones que realicen con ellas por razón de su condición de empleado público.
d) A los interesados no incluidos en los apartados 2 y 3 del artículo 14 de la Ley 39/2015, de 1 de octubre, que así lo soliciten, especialmente en lo referente a la identificación y firma electrónica, presentación de solicitudes a través del registro electrónico general y obtención de copias auténticas.

12. Si algunos de los interesados no dispone de los medios electrónicos necesarios, su identificación o firma electrónica en el procedimiento administrativo podrá ser válidamente realizada por un funcionario público mediante el uso del sistema de firma electrónica del que esté dotado para ello. En este caso:

a) Será necesario que el interesado que carezca de los medios electrónicos necesarios se identifique ante el funcionario.

b) Será necesario que el interesado que carezca de los medios electrónicos necesarios se identifique ante el funcionario y preste su consentimiento expreso para esta actuación.

c) Será necesario que el interesado que carezca de los medios electrónicos necesarios se identifique ante el funcionario y preste su consentimiento expreso para esta actuación, de lo que deberá quedar constancia para los casos de discrepancia.

d) Será necesario que el interesado que carezca de los medios electrónicos necesarios se identifique ante el funcionario y preste su consentimiento expreso para esta actuación, de lo que deberá quedar constancia para los casos de discrepancia o litigio.

Solución al test n.º 7

1. b) El apoderamiento *apud acta*, presencial o electrónico.

2. d) No requerir documentos ya aportados por los interesados, elaborados por las Administraciones Públicas o documentos originales.

3. b) Depende de los casos.

4. d) Diez días, o de un plazo superior cuando las circunstancias del caso así lo requieran.

5. b) Cinco años a contar desde la fecha de inscripción.

6. b) Cuando en una solicitud, escrito o comunicación figuren varios interesados, las actuaciones a que den lugar se efectuarán con el representante o el interesado que expresamente hayan señalado, y, en su defecto, con cualquiera de los demás.

7. b) Capacidad de obrar.

8. b) Adquirir derechos.

9. c) Se comunicará a dichas personas la tramitación del procedimiento cuando este no haya tenido publicidad.

10. a) Identificar a las autoridades y al personal al servicio de las Administraciones Públicas bajo cuya responsabilidad se tramiten los procedimientos.

11. d) A los interesados no incluidos en los apartados 2 y 3 del artículo 14 de la Ley 39/2015, de 1 de octubre, que así lo soliciten, especialmente en lo referente a la identificación y firma electrónica, presentación de solicitudes a través del registro electrónico general y obtención de copias auténticas.

12. d) Será necesario que el interesado que carezca de los medios electrónicos necesarios se identifique ante el funcionario y preste su consentimiento expreso para esta actuación, de lo que deberá quedar constancia para los casos de discrepancia o litigio.

TEST N.º 8

Ley del Procedimiento Administrativo Común de las Administraciones Públicas (II): Título II. De la actividad de las Administraciones Públicas. Título III. De los actos administrativos

1. Señala uno de los derechos que la Ley 39/2015, de 1 de octubre, del Procedimiento Administrativo Común de las Administraciones Públicas, reconoce a quienes tengan capacidad de obrar ante las Administraciones Públicas:

a) A la obtención y utilización de los medios de identificación y firma electrónica contemplados en la Ley 39/2015, de 1 de octubre.
b) A la protección de datos de carácter personal, y en particular a la seguridad y confidencialidad de los datos que figuren en los ficheros, sistemas y aplicaciones de las Administraciones Públicas.
c) A ser asistidos en el uso de medios electrónicos en sus relaciones con las Administraciones Públicas.
d) Todas las respuestas son correctas.

2. La Ley 39/2015, de 1 de octubre, del Procedimiento Administrativo Común de las Administraciones Públicas, reconoce a quienes tengan capacidad de obrar ante las Administraciones Públicas el derecho a comunicarse con las Administraciones Públicas a través de:

a) Un Punto de Acceso Rápido Telemático.
b) Un Punto Electrónico Central.
c) Un Punto Único Electrónico de contacto.
d) Un Punto de Acceso General electrónico de la Administración.

3. A menos que la naturaleza del documento exija otra forma más adecuada de expresión y constancia, las Administraciones Públicas deberán emitir los documentos administrativos:

a) Preferiblemente de forma verbal.
b) Por escrito, a través de medios electrónicos.
c) Verbal o en su defecto por escrito.
d) De cualquier forma que deje constancia de su recepción.

4. Indica cuál de los siguientes documentos electrónicos emitidos por las Administraciones Públicas no requieren de firma electrónica, aunque sí precisan identificar su origen:

a) Los documentos que formen parte de un expediente administrativo.

b) Los documentos que se publiquen con carácter sancionador.

c) Los documentos que se publiquen con carácter meramente informativo.

d) Todos los documentos electrónicos emitidos por una Administración Pública requieren de firma electrónica.

5. ¿Cuándo podrán los interesados solicitar la expedición de copias auténticas de los documentos públicos administrativos que hayan sido válidamente emitidos por las Administraciones Públicas?

a) Únicamente en la fase de audiencia.

b) Solo en la fase de prueba.

c) Siempre antes de la resolución del expediente administrativo.

d) En cualquier momento.

6. La solicitud de copias auténticas de los documentos públicos administrativos que hayan sido válidamente emitidos por las Administraciones Públicas se dirigirá al órgano que emitió el documento original, debiendo expedirse, salvo las excepciones derivadas de la aplicación de la Ley 19/2013, de 9 de diciembre, en el plazo de:

a) Un mes a contar desde la recepción de la solicitud en el registro electrónico de la Administración u Organismo competente.

b) Veinte días a contar desde la recepción de la solicitud en el registro electrónico de la Administración u Organismo competente.

c) Quince días a contar desde la recepción de la solicitud en el registro electrónico de la Administración u Organismo competente.

d) Diez días a contar desde la recepción de la solicitud en el registro electrónico de la Administración u Organismo competente.

7. Los documentos que los interesados dirijan a los órganos de las Administraciones Públicas podrán presentarse:

a) En las oficinas de Correos, en la forma que reglamentariamente se establezca.

b) En las representaciones diplomáticas u oficinas consulares de España en el extranjero.

c) En las oficinas de asistencia en materia de registros.

d) Todas las respuestas son correctas.

8. Señala la respuesta incorrecta respecto a la comparecencia de las personas:

a) La comparecencia de las personas ante las oficinas públicas, ya sea presencialmente o por medios electrónicos, solo será obligatoria cuando así esté previsto mediante Reglamento.

b) En los casos en que proceda la comparecencia, la correspondiente citación hará constar expresamente el lugar, fecha, hora, los medios disponibles y objeto de la comparecencia, así como los efectos de no atenderla.

c) Las Administraciones Públicas entregarán al interesado certificación acreditativa de la comparecencia cuando así lo solicite.

d) Todas las respuestas son incorrectas.

9. Señala la respuesta incorrecta:

a) Estarán obligados a relacionarse a través de medios electrónicos con las Administraciones Públicas para la realización de cualquier trámite de un procedimiento administrativo los notarios y registradores de la propiedad y mercantiles.

b) En los procedimientos tramitados por las Administraciones de las Comunidades Autónomas y de las Entidades Locales, el uso de la lengua se ajustará a lo previsto en la legislación nacional.

c) Cada Administración dispondrá de un Registro Electrónico General, en el que se hará el correspondiente asiento de todo documento que sea presentado o que se reciba en cualquier órgano administrativo, organismo público o entidad vinculado o dependiente a estos.

d) Las personas físicas podrán elegir en todo momento si se comunican con las Administraciones Públicas para el ejercicio de sus derechos y obligaciones a través de medios electrónicos o no, salvo que estén obligadas a relacionarse a través de medios electrónicos con las Administraciones Públicas.

10. ¿Quién puede obtener copias de documentos contenidos en un procedimiento que se esté tramitando?

a) Solo los interesados en él.

b) Cualquier ciudadano.

c) Nadie.

d) Solo otro órgano administrativo.

11. Si un interesado de una Comunidad Autónoma con lengua oficial específica se dirige a un órgano de la Administración General del Estado sito en su Comunidad, ha de hacerlo en:

a) Castellano necesariamente.

b) Su lengua oficial exclusivamente.

c) Cualquiera de las dos anteriores, a su opción.

d) La que se le indique por la citada Administración.

12. Los interesados en un procedimiento que conozcan datos que permitan identificar a otros interesados que no hayan comparecido en él:

a) Tienen el deber de proporcionárselos a la Administración actuante.

b) Pueden proporcionárselos a la Administración actuante, cuando lo estimen conveniente.

c) No tienen por qué aportarlos al procedimiento.

d) Solo tienen obligación de aportarlos cuando les proporcione un beneficio.

13. El plazo máximo en el que debe notificarse la resolución expresa será el fijado por la norma reguladora del correspondiente procedimiento. Este plazo, salvo que una norma con rango de ley establezca uno mayor o así venga previsto en el Derecho de la Unión Europea, no podrá exceder de:

a) Veinte días.

b) Un mes.

c) Tres meses.

d) Seis meses.

14. El transcurso del plazo máximo legal para resolver un procedimiento y notificar la resolución se podrá suspender:

a) Cuando deba obtenerse un pronunciamiento previo y preceptivo de un órgano de la Unión Europea, por el tiempo que medie entre la petición, que habrá de comunicarse a los interesados, y la notificación del pronunciamiento a la Administración instructora, que también deberá serles comunicada.

b) Cuando deban realizarse pruebas técnicas o análisis contradictorios o dirimentes propuestos por los interesados, durante el tiempo necesario para la incorporación de los resultados al expediente.

c) Cuando exista un procedimiento no finalizado en el ámbito de la Unión Europea que condicione directamente el contenido de la resolución de que se trate, desde que se tenga constancia de su existencia, lo que deberá ser comunicado a los interesados, hasta que se resuelva, lo que también habrá de ser notificado.

d) Todas las respuestas son correctas.

15. ¿Qué recurso cabe contra el acuerdo que resuelva sobre la ampliación de plazos?

a) Recurso de alzada.

b) Recurso extraordinario de revisión.

c) Recurso de reposición, en el plazo de un mes.

d) Ningún recurso.

16. Señala la respuesta correcta respecto al cómputo de plazos:

a) Salvo que por ley o en el Derecho de la Unión Europea se disponga otro cómputo, cuando los plazos se señalen por horas, se entiende que estas son naturales.

b) Siempre que por ley o en el Derecho de la Unión Europea no se exprese otro cómputo, cuando los plazos se señalen por días, se entiende que estos son naturales, incluyéndose en el cómputo los sábados, los domingos y los declarados festivos.

c) Los plazos expresados en días se contarán desde el mismo día en que tenga lugar la notificación o publicación del acto de que se trate, o desde el siguiente a aquel en que se produzca la estimación o la desestimación por silencio administrativo.

d) Cuando un día fuese hábil en el municipio o Comunidad Autónoma en que residiese el interesado, e inhábil en la sede del órgano administrativo, o a la inversa, se considerará inhábil en todo caso.

17. Señala la respuesta incorrecta respecto al cómputo de los plazos:

a) Cuando los plazos se hayan señalado por días naturales por declararlo así una ley o por el Derecho de la Unión Europea, se hará constar esta circunstancia en las correspondientes notificaciones.

b) Cuando el último día del plazo sea inhábil, se entenderá prorrogado al primer día hábil siguiente.

c) Los plazos expresados por horas se contarán de hora en hora y de minuto en minuto desde la hora y minuto en que tenga lugar la notificación o publicación del acto de que se trate y no podrán tener una duración superior a veinticuatro horas, en cuyo caso se expresarán en días.

d) La declaración de un día como hábil o inhábil a efectos de cómputo de plazos determina por sí sola el funcionamiento de los centros de trabajo de las Administraciones Públicas, la organización del tiempo de trabajo así como el régimen de jornada y horarios de las mismas.

18. El registro electrónico permite la presentación de documentos:

a) De lunes a viernes de 8 a 15 horas.
b) De lunes a viernes de 8 a 21 horas.
c) Todos los días del año de 8 a 21 horas.
d) Todos los días del año durante las veinticuatro horas.

19. ¿En qué caso podrá ser objeto de ampliación un plazo ya vencido?

a) En los procedimientos tramitados por las misiones diplomáticas y oficinas consulares.
b) En aquellos que, sustanciándose en el interior, exijan cumplimentar algún trámite en el extranjero o en los que intervengan interesados residentes fuera de España.
c) Siempre que así lo considere oportuno, y lo fundamente, el Instructor del procedimiento.
d) En ningún caso.

20. Cuando razones de interés público lo aconsejen, se podrá acordar, de oficio o a petición del interesado, la aplicación al procedimiento de la tramitación de urgencia, por la cual se reducirán a la mitad los plazos establecidos para el procedimiento ordinario, salvo:

a) Los relativos a la presentación de solicitudes.
b) Los relativos a la presentación de recursos.

c) Las respuestas a) y b) son correctas.
d) Ninguna respuesta es correcta.

21. Serán motivados, con sucinta referencia de hechos y fundamentos de derecho:

a) Los actos que se separen del criterio seguido en actuaciones precedentes o del dictamen de órganos consultivos.
b) Los actos que limiten derechos subjetivos o intereses legítimos
c) Los actos que resuelvan procedimientos de revisión de oficio de disposiciones o actos administrativos, recursos administrativos y procedimientos de arbitraje y los que declaren su inadmisión.
d) Todas las respuestas son correctas.

22. ¿Cuándo se hará la notificación por medio de un anuncio publicado en el Boletín Oficial del Estado?

a) Cuando se ignore el lugar de la notificación.
b) Cuando los interesados en un procedimiento sean conocidos.
c) Cuando intentada la notificación no se hubiera podido practicar.
d) Las respuestas a) y c) son correctas.

23. El contenido de un acto administrativo ha de ser:

a) Ilícito y determinado.
b) Posible y lícito.
c) Determinado o determinable e ilícito.
d) Imposible y lícito.

24. Los actos deben motivarse:

a) Siempre.
b) Nunca.
c) Cuando decidan un procedimiento.
d) Cuando la ley lo prescriba.

25. No tienen por qué motivarse los actos que:

a) Resuelvan recursos.
b) Limiten derechos subjetivos.
c) Se separen del dictamen de órganos consultivos.
d) Todos los anteriores deben motivarse.

26. En la notificación de todo acto administrativo no es necesario que conste siempre:

a) Su texto íntegro.
b) Los recursos que contra el mismo procedan.

c) Los motivos en que se basa la decisión.
d) El plazo de interposición de los recursos.

27. Para que un acto tenga eficacia retroactiva es necesario que:

a) Limite derechos de los particulares.
b) Restrinja el ejercicio de facultades de los particulares.
c) Imponga deberes u obligaciones.
d) No se lesionen derechos de otras personas.

28. Cuando la notificación se practique en el domicilio del interesado, de no hallarse presente, podrá hacerse cargo de la misma cualquier persona que se encuentre en el domicilio, haga constar su identidad y sea:

a) Mayor de catorce años.
b) Mayor de dieciséis años.
c) Mayor de dieciocho años.
d) Mayor de veintiún años.

29. Cuando la notificación por medios electrónicos sea de carácter obligatorio, se entenderá rechazada cuando:

a) Hayan transcurrido veinte días naturales desde la puesta a disposición de la notificación sin que se acceda a su contenido.
b) Hayan transcurrido diez días naturales desde la puesta a disposición de la notificación sin que se acceda a su contenido.
c) Hayan transcurrido diez días hábiles desde la puesta a disposición de la notificación sin que se acceda a su contenido.
d) Hayan transcurrido veinte días hábiles desde la puesta a disposición de la notificación sin que se acceda a su contenido.

30. Señala la respuesta incorrecta. Los actos administrativos serán objeto de publicación:

a) Cuando así lo establezcan las normas reguladoras de cada procedimiento.
b) Cuando lo aconsejen razones de interés público apreciadas por el órgano competente.
c) Cuando el acto tenga por destinatario a una pluralidad indeterminada de personas.
d) Siempre.

31. La compulsión sobre las personas:

a) Deriva de la propia esencia del acto administrativo.
b) Deriva del principio de ejecutividad de los actos administrativos.

c) Deriva de la posibilidad en manos de la Administración Pública de ejecutar forzosamente algunos actos administrativos.

d) Es similar al lanzamiento administrativo.

32. Entre los medios de ejecución forzosa no se encuentra el/la:

a) Desahucio administrativo.

b) Ejecución subsidiaria.

c) Multa coercitiva.

d) Compulsión sobre la persona.

33. La regla general cuando un acto infringe el ordenamiento jurídico es:

a) Su anulabilidad.

b) Su validez temporal.

c) Su nulidad relativa.

d) Las respuestas a) y c) son correctas.

34. Los efectos de una declaración de nulidad absoluta se producen desde:

a) Que se notifica el acto anulatorio.

b) El momento de la declaración de la nulidad.

c) La notificación o publicación del acto anulatorio, según los casos.

d) Que se dictó el acto anulado.

35. ¿Cuándo podrá la Administración Pública convalidar un acto administrativo?

a) Cuando el vicio consiste en incompetencia jerárquica.

b) Cuando el vicio consiste en incompetencia funcional.

c) Cuando el vicio consiste en incompetencia territorial.

d) En ninguno de los anteriores casos.

36. La presunción de legitimidad de los actos administrativos:

a) No admite prueba en contrario.

b) Dependerá de lo que el propio acto establezca.

c) Puede ser objeto de impugnación por el particular.

d) Solo se da cuando la ley expresamente lo diga.

37. Los supuestos de nulidad absoluta de actos administrativos:

a) Son la regla general en nuestro Derecho.

b) Son los recogidos en el artículo 47 de la Ley 39/2015, de 1 de octubre, del Procedimiento Administrativo Común de las Administraciones Públicas, exclusivamente.

c) Pueden establecerse expresamente por una disposición con rango de ley.

d) Son solo los del artículo 47 citado y de otras leyes formales.

38. Los defectos formales en un acto, según reconoce expresamente la ley:

a) Lo vician con nulidad absoluta.
b) Lo vician con anulabilidad en todo caso.
c) Pueden dar lugar a la nulidad absoluta si producen indefensión.
d) Pueden dar lugar a la anulabilidad si producen indefensión.

39. La Administración Pública podrá convalidar un acto:

a) Si el vicio consiste en incompetencia jerárquica.
b) Si el vicio consiste en incompetencia funcional.
c) Si el vicio consiste en incompetencia territorial.
d) En ninguno de los anteriores casos.

40. La Administración Pública no podrá convalidar un acto si el vicio consiste en:

a) Incompetencia jerárquica.
b) La falta de una autorización.
c) Incompetencia funcional.
d) La omisión de un informe facultativo.

41. Cuando el acto administrativo presenta un vicio que no le hace incurrir en nulidad absoluta ni en anulabilidad, se considera:

a) Irregular.
b) Defectuoso.
c) Inválido.
d) Viciado.

42. La conversión se aplica a los actos:

a) Nulos.
b) Nulos de pleno derecho.
c) Anulables.
d) No cabe la conversión de actos administrativos.

Solución al test n.º 8

1. d) Todas las respuestas son correctas.

2. d) Un Punto de Acceso General electrónico de la Administración.

3. b) Por escrito, a través de medios electrónicos.

4. c) Los documentos que se publiquen con carácter meramente informativo.

5. d) En cualquier momento.

6. c) Quince días a contar desde la recepción de la solicitud en el registro electrónico de la Administración u Organismo competente.

7. d) Todas las respuestas son correctas.

8. a) La comparecencia de las personas ante las oficinas públicas, ya sea presencialmente o por medios electrónicos, solo será obligatoria cuando así esté previsto mediante Reglamento.

9. b) En los procedimientos tramitados por las Administraciones de las Comunidades Autónomas y de las Entidades Locales, el uso de la lengua se ajustará a lo previsto en la legislación nacional.

10. a) Solo los interesados en él.

11. c) Cualquiera de las dos anteriores, a su opción.

12. a) Tienen el deber de proporcionárselos a la Administración actuante.

13. d) Seis meses.

14. d) Todas las respuestas son correctas.

15. d) Ningún recurso.

16. d) Cuando un día fuese hábil en el municipio o Comunidad Autónoma en que residiese el interesado, e inhábil en la sede del órgano administrativo, o a la inversa, se considerará inhábil en todo caso.

17. d) La declaración de un día como hábil o inhábil a efectos de cómputo de plazos determina por sí sola el funcionamiento de los centros de trabajo de las Administraciones Públicas, la organización del tiempo de trabajo así como el régimen de jornada y horarios de las mismas.

18. d) Todos los días del año durante las veinticuatro horas.

19. d) En ningún caso.

20. c) Las respuestas a) y b) son correctas.

21. d) Todas las respuestas son correctas.

22. d) Las respuestas a) y c) son correctas.

23. b) Posible y lícito.

24. d) Cuando la ley lo prescriba.

25. d) Todos los anteriores deben motivarse.

26. c) Los motivos en que se basa la decisión.

27. d) No se lesionen derechos de otras personas.

28. a) Mayor de catorce años.

29. b) Hayan transcurrido diez días naturales desde la puesta a disposición de la notificación sin que se acceda a su contenido.

30. d) Siempre.

31. c) Deriva de la posibilidad en manos de la Administración Pública de ejecutar forzosamente algunos actos administrativos.

32. a) Desahucio administrativo.

33. d) Las respuestas a) y c) son correctas.

34. d) Que se dictó el acto anulado.

35. a) Cuando el vicio consiste en incompetencia jerárquica.

36. c) Puede ser objeto de impugnación por el particular.

37. c) Pueden establecerse expresamente por una disposición con rango de ley.

38. d) Pueden dar lugar a la anulabilidad si producen indefensión.

39. a) Si el vicio consiste en incompetencia jerárquica.

40. c) Incompetencia funcional.

41. a) Irregular.

42. c) Anulables.

TEST N.º 9

Ley del Procedimiento Administrativo Común de las Administraciones Públicas (III): Título IV. De las disposiciones sobre el procedimiento administrativo común

1. Señala qué recurso cabe contra el acuerdo de acumulación de procedimientos administrativos:

a) Recurso de alzada.
b) Recurso extraordinario de revisión.
c) Recurso de reposición, en el plazo de un mes.
d) Ningún recurso.

2. ¿Cuándo se iniciarán de oficio los procedimientos?

a) Por denuncia.
b) Por acuerdo del órgano competente.
c) Por propia iniciativa.
d) Todas las respuestas son correctas.

3. Señala la respuesta incorrecta respecto al inicio del procedimiento por denuncia:

a) Las denuncias deberán expresar la identidad de la persona o personas que las presentan y el relato de los hechos que se ponen en conocimiento de la Administración.
b) La presentación de una denuncia confiere, por sí sola, la condición de interesado en el procedimiento.
c) Cuando la denuncia invocara un perjuicio en el patrimonio de las Administraciones Públicas la no iniciación del procedimiento deberá ser motivada y se notificará a los denunciantes la decisión de si se ha iniciado o no el procedimiento.
d) Se entiende por denuncia el acto por el que cualquier persona, en cumplimiento o no de una obligación legal, pone en conocimiento de un órgano administrativo la existencia de un determinado hecho que pudiera justificar la iniciación de oficio de un procedimiento administrativo.

4. ¿En qué caso se podrá imponer una sanción sin que se haya tramitado el oportuno procedimiento?

a) En casos de urgente necesidad.
b) En situaciones excepcionales, como por ejemplo, situaciones de crisis sanitarias o epidemias.
c) Las respuestas a) y b) son correctas.
d) En ningún caso.

5. ¿Cuál de los siguientes datos no es necesario que figure en las solicitudes de iniciación del procedimiento por parte de los interesados?

a) Número de teléfono.
b) Hechos, razones y petición en que se concrete, con toda claridad, la solicitud.
c) Órgano, centro o unidad administrativa a la que se dirige y su correspondiente código de identificación.
d) Firma del solicitante o acreditación de la autenticidad de su voluntad expresada por cualquier medio.

6. Los documentos que los interesados dirijan a los órganos de las Administraciones Públicas podrán presentarse:

a) En las oficinas de Correos, en la forma que reglamentariamente se establezca.
b) En el registro electrónico de la Administración u Organismo al que se dirijan.
c) En las representaciones diplomáticas u oficinas consulares de España en el extranjero.
d) Todas las respuestas son correctas.

7. Los interesados solo podrán solicitar el inicio de un procedimiento de responsabilidad patrimonial, cuando no haya prescrito su derecho a reclamar. El derecho a reclamar prescribirá:

a) Al año de producido el hecho o el acto que motive la indemnización o se manifieste su efecto lesivo.
b) A los dos años de producido el hecho o el acto que motive la indemnización o se manifieste su efecto lesivo.
c) A los cinco años de producido el hecho o el acto que motive la indemnización o se manifieste su efecto lesivo.
d) Este derecho no prescribe.

8. ¿De acuerdo con qué principio se acordarán en un solo acto todos los trámites que, por su naturaleza, admitan un impulso simultáneo y no sea obligado su cumplimiento sucesivo?

a) Con el principio de oficialidad.
b) Con el principio de eficacia.

c) Con el principio de simplificación administrativa.
d) Con el principio de rapidez administrativa.

9. Salvo en el caso de que en la norma correspondiente se fije plazo distinto, los trámites que deban ser cumplimentados por los interesados deberán realizarse en el plazo de:

a) Siete días a partir del siguiente al de la notificación del correspondiente acto.
b) Diez días a partir del siguiente al de la notificación del correspondiente acto.
c) Quince días a partir del siguiente al de la notificación del correspondiente acto.
d) Un mes a partir del siguiente al de la notificación del correspondiente acto.

10. En cualquier momento del procedimiento, cuando la Administración considere que alguno de los actos de los interesados no reúne los requisitos necesarios, lo pondrá en conocimiento de su autor, concediéndole un plazo para cumplimentarlo:

a) De cinco días.
b) De siete días.
c) De diez días.
d) De veinte días.

11. Cuando la Administración no tenga por ciertos los hechos alegados por los interesados o la naturaleza del procedimiento lo exija, el instructor del mismo acordará la apertura de un período de prueba, a fin de que puedan practicarse cuantas juzgue pertinentes, por un plazo:

a) No superior a treinta días ni inferior a diez.
b) No superior a treinta días ni inferior a quince.
c) No superior a veinte días ni inferior a diez.
d) No superior a veinte días ni inferior a cinco.

12. Salvo disposición expresa en contrario, los informes serán:

a) Vinculantes.
b) Vinculantes y facultativos.
c) Facultativos y no vinculantes.
d) Nunca facultativos.

13. En el caso de los procedimientos de responsabilidad patrimonial será preceptivo solicitar informe al servicio cuyo funcionamiento haya ocasionado la presunta lesión indemnizable, no pudiendo exceder el plazo de su emisión de:

a) Diez días.
b) Quince días.

c) Veinte días.
d) Un mes.

14. ¿Cómo se denomina el conjunto ordenado de documentos y actuaciones que sirven de antecedente y fundamento a la resolución administrativa, así como las diligencias encaminadas a ejecutarla?

a) Dosier administrativo.
b) Acto administrativo.
c) Expediente administrativo.
d) Procedimiento administrativo.

15. Con arreglo al artículo 74 LPACAP, las cuestiones incidentales que se susciten en el procedimiento, incluso las que se refieran a la nulidad de actuaciones:

a) Suspenderán la tramitación del procedimiento.
b) No suspenderán la tramitación del procedimiento, salvo la recusación.
c) No suspenderán la tramitación del procedimiento en ningún caso.
d) Siempre que lo estime oportuno el instructor del procedimiento, y así lo motive suficientemente, suspenderá la tramitación del procedimiento.

16. ¿Cuándo podrán los interesados aducir alegaciones y aportar documentos u otros elementos de juicio?

a) En cualquier momento.
b) En cualquier momento del procedimiento posterior al trámite de audiencia.
c) En cualquier momento del procedimiento anterior al trámite de audiencia.
d) Únicamente cuando lo autorice el instructor del procedimiento.

17. Señala la respuesta incorrecta respecto a los medios y período de prueba:

a) El instructor del procedimiento solo podrá rechazar las pruebas propuestas por los interesados cuando sean manifiestamente improcedentes o innecesarias, sin necesidad de resolución motivada.

b) En los procedimientos de carácter sancionador, los hechos declarados probados por resoluciones judiciales penales firmes vincularán a las Administraciones Públicas respecto de los procedimientos sancionadores que substancien.

c) Cuando la prueba consista en la emisión de un informe de un órgano administrativo, organismo público o Entidad de derecho público, se entenderá que este tiene carácter preceptivo.

d) Cuando la valoración de las pruebas practicadas pueda constituir el fundamento básico de la decisión que se adopte en el procedimiento, por ser pieza imprescindible para la correcta evaluación de los hechos, deberá incluirse en la propuesta de resolución.

18. Cuando lo considere necesario, el instructor, a petición de los interesados, podrá decidir la apertura de un período extraordinario de prueba por un plazo:

a) No superior a diez días.
b) No superior a quince días.
c) No superior a veinte días.
d) No superior a un mes.

19. Salvo que una disposición o el cumplimiento del resto de los plazos del procedimiento permita o exija otro plazo mayor o menor, los informes serán emitidos en el plazo de:

a) Diez días.
b) Quince días.
c) Veinte días.
d) Un mes.

20. ¿De qué plazo disponen los interesados para alegar y presentar los documentos y justificaciones que estimen pertinentes?

a) De un plazo no inferior a cinco días ni superior a diez.
b) De un plazo no inferior a diez días ni superior a quince.
c) De un plazo no inferior a diez días ni superior a veinte.
d) De un plazo no inferior a diez días ni superior a un mes.

21. ¿En qué plazo deberán practicarse las actuaciones complementarias?

a) En un plazo no superior a siete días.
b) En un plazo no superior a diez días.
c) En un plazo no superior a quince días.
d) En un plazo no superior a un mes.

22. ¿Transcurrido qué plazo desde que se inició el procedimiento sin que haya recaído y se notifique resolución expresa o, en su caso, se haya formalizado el acuerdo, podrá entenderse que la resolución es contraria a la indemnización del particular?

a) Transcurrido un mes.
b) Transcurridos tres meses.
c) Transcurridos seis meses.
d) Transcurrido un año.

23. A tenor del artículo 92 LPACAP, en el ámbito de la Administración General del Estado, los procedimientos de responsabilidad patrimonial se resolverán por:

a) El Ministro respectivo.
b) El Presidente del Gobierno.

c) El Consejo de Ministros.
d) Las respuestas a) y c) son correctas.

24. Señala la respuesta incorrecta respecto al desistimiento y renuncia por los interesados:

a) Si el escrito de iniciación se hubiera formulado por dos o más interesados, el desistimiento o la renuncia afectará a todos los que la hubiesen formulado.

b) Todo interesado podrá desistir de su solicitud o, cuando ello no esté prohibido por el ordenamiento jurídico, renunciar a sus derechos.

c) Si la cuestión suscitada por la incoación del procedimiento entrañase interés general o fuera conveniente sustanciarla para su definición y esclarecimiento, la Administración podrá limitar los efectos del desistimiento o la renuncia al interesado y seguirá el procedimiento.

d) Tanto el desistimiento como la renuncia podrán hacerse por cualquier medio que permita su constancia, siempre que incorpore las firmas que correspondan de acuerdo con lo previsto en la normativa aplicable.

25. La Administración aceptará de plano el desistimiento o la renuncia, y declarará concluso el procedimiento salvo que, habiéndose personado en el mismo terceros interesados, instasen estos su continuación en el plazo de:

a) Un mes desde que fueron notificados del desistimiento o renuncia.
b) Veinte días desde que fueron notificados del desistimiento o renuncia.
c) Quince días desde que fueron notificados del desistimiento o renuncia.
d) Diez días desde que fueron notificados del desistimiento o renuncia.

Solución al test n.º 9

1. d) Ninguno de los recursos anteriores.

2. d) Todas las respuestas son correctas.

3. b) La presentación de una denuncia confiere, por sí sola, la condición de interesado en el procedimiento.

4. d) En ningún caso.

5. a) Número de teléfono.

6. d) Todas las respuestas son correctas.

7. a) Al año de producido el hecho o el acto que motive la indemnización o se manifieste su efecto lesivo.

8. c) Con el principio de simplificación administrativa.

9. b) Diez días a partir del siguiente al de la notificación del correspondiente acto.

10. c) De diez días.

11. a) No superior a treinta días ni inferior a diez.

12. c) Facultativos y no vinculantes.

13. a) Diez días.

14. c) Expediente administrativo.

15. b) No suspenderán la tramitación del procedimiento, salvo la recusación.

16. c) En cualquier momento del procedimiento anterior al trámite de audiencia.

17. a) El instructor del procedimiento solo podrá rechazar las pruebas propuestas por los interesados cuando sean manifiestamente improcedentes o innecesarias, sin necesidad de resolución motivada.

18. a) No superior a diez días.

19. a) Diez días.

20. b) De un plazo no inferior a diez días ni superior a quince.

21. c) En un plazo no superior a quince días.

22. c) Transcurridos seis meses.

23. d) Las respuestas a) y c) son correctas.

24. a) Si el escrito de iniciación se hubiera formulado por dos o más interesados, el desistimiento o la renuncia afectará a todos los que la hubiesen formulado.

25. d) Diez días desde que fueron notificados del desistimiento o renuncia.

TEST N.º 10

Ley del Procedimiento Administrativo Común de las Administraciones Públicas (IV): Título V. De la revisión de los actos en vía administrativa

1. El recurso de alzada contra actos que no agotan la vía administrativa es:

a) Extraordinario.
b) La regla general.
c) Especial.
d) Inexistente.

2. El recurso de alzada se presentará:

a) Ante el superior jerárquico del órgano que dictó el acto.
b) Ante el Tribunal contencioso competente.
c) Ante el órgano que dictó el acto.
d) Indistintamente, ante el órgano que dictó el acto o el superior jerárquico que deba decidirlo.

3. El recurso extraordinario de revisión por manifiesto error de hecho, que resulte de los propios documentos incorporados al expediente, debe plantearse:

a) A los tres meses desde que se produjo.
b) A los cuatro años desde que se conoció.
c) Dentro de los cuatro años desde la notificación del acto.
d) No puede darse nunca aisladamente.

4. La *reformatio in peius*, en materia de recursos:

a) Se admite como regla general.
b) Solo se permite en materia sancionadora.
c) Se admite cuando el recurso está claramente infundado.
d) Está expresamente prohibida.

5. Cuando hayan de tenerse en cuenta nuevos hechos o documentos no recogidos en el expediente originario, se pondrán de manifiesto a los interesados para que formulen las alegaciones que estimen procedentes, en un plazo:

a) No inferior a diez días ni superior a quince.
b) De veinte días.
c) No inferior a cinco días ni superior a veinte.
d) De treinta días.

6. ¿Contra qué actos se interpone el recurso extraordinario de revisión?

a) Contra cualquier acto administrativo.
b) Contra los actos que no agotan la vía administrativa.
c) Contra los actos que agotan la vía administrativa.
d) Contra los actos firmes exclusivamente.

7. La resolución de un recurso:

a) Debe circunscribirse a lo solicitado por el recurrente.
b) Resolverá cuantas cuestiones se deduzcan del expediente.
c) No es necesario que se motive.
d) Debe aceptar las razones en que se fundamente el propio recurso.

8. ¿Cuándo se dará la terminación presunta del recurso extraordinario de revisión?

a) A los tres meses de su interposición.
b) Al mes de su interposición.
c) Únicamente en el supuesto de que se base en manifiesto error de derecho.
d) No cabe.

9. Si el acto fuera expreso, el plazo para la interposición del recurso de reposición será de:

a) Tres meses.
b) Diez días.
c) Quince días.
d) Un mes.

10. El recurso de reposición contra actos que no agotan la vía administrativa es:

a) Ordinario.
b) Extraordinario.
c) Especial.
d) Inexistente.

11. El recurso de alzada se presentará:

a) Ante el superior jerárquico del órgano que dictó el acto.
b) Ante el Tribunal contencioso competente.
c) Ante el órgano que dictó el acto.
d) Indistintamente, ante el órgano que dictó el acto o el superior jerárquico que deba decidirlo.

12. La resolución presunta del recurso de alzada se dará, si no recae resolución, al/a los:

a) Quince días de interponerlo.
b) Mes de su interposición.
c) Tres meses de su interposición.
d) En cualquier momento a partir del día siguiente a aquel en que, de acuerdo con su normativa específica, se produzcan los efectos del silencio administrativo.

13. El silencio administrativo en el recurso de alzada puede ser positivo en el siguiente caso:

a) Cuando el recurso se presentó contra un acto presunto desestimatorio de la solicitud del ciudadano.
b) Cuando perjudique al ciudadano.
c) Siempre que beneficie al interés público.
d) En ningún supuesto es positivo.

14. El recurso extraordinario de revisión por manifiesto error de hecho debe plantearse:

a) A los tres meses desde que se produjo.
b) A los cuatro años desde que se conoció.
c) Dentro de los cuatro años desde la notificación del acto.
d) No puede darse nunca aisladamente.

15. Se han reinstaurado las reclamaciones económico-administrativas, como recurso administrativo propio, en los/las:

a) Corporaciones Locales en general.
b) Municipios de régimen común.
c) Municipios de gran población.
d) Diputaciones Provinciales cuando gestionen los tributos de los Municipios de la Provincia.

16. Para plantear un recurso administrativo:

a) Hay que tener capacidad jurídica, sin requerirse la capacidad de obrar.
b) Basta con la capacidad de obrar.

c) Se requiere, siempre, ser titular de un derecho subjetivo afectado por el acto que se recurre.

d) Puede hacerlo quien ostente la condición de interesado.

17. Se puede sustituir en determinados supuestos por procedimientos de mediación y arbitraje el:

a) Recurso de alzada.
b) Recurso de revisión.
c) Recurso de reposición.
d) Las respuestas a) y c) son ciertas.

18. Cuando una persona interpone un recurso de alzada denominándolo como recurso de revisión:

a) Deberá desestimarse el recurso por improcedente.
b) Deberá notificársele el error para que lo subsane.
c) No se admitirá el recurso.
d) Deberá resolverse, si del propio recurso se deduce su carácter.

Solución al test n.º 10

1. b) La regla general.

2. d) Indistintamente, ante el órgano que dictó el acto o el superior jerárquico que deba decidirlo.

3. c) Dentro de los cuatro años desde la notificación del acto.

4. d) Está expresamente prohibida.

5. a) No inferior a diez días ni superior a quince.

6. d) Contra los actos firmes exclusivamente.

7. b) Resolverá cuantas cuestiones se deduzcan del expediente.

8. a) A los tres meses de su interposición.

9. d) Un mes.

10. d) Inexistente.

11. d) Indistintamente, ante el órgano que dictó el acto o el superior jerárquico que deba decidirlo.

12. c) Tres meses de su interposición.

13. a) Cuando el recurso se presentó contra un acto presunto desestimatorio de la solicitud del ciudadano.

14. c) Dentro de los cuatro años desde la notificación del acto.

15. c) Municipios de gran población.

16. d) Puede hacerlo quien ostente la condición de interesado.

17. d) Las respuestas a) y c) son ciertas.

18. d) Deberá resolverse, si del propio recurso se deduce su carácter.

TEST N.º 11

Ley 40/2015, de 1 de octubre, de Régimen Jurídico del Sector Público (I): Disposiciones generales, principios de actuación y funcionamiento del sector público: Disposiciones generales; De los órganos de las Administraciones Públicas; Principios de la potestad sancionadora; De la responsabilidad patrimonial de las Administraciones Públicas; Funcionamiento electrónico del sector público; de los convenios

1. Según el artículo 3 de la Ley 40/2015, uno de los principios de acuerdo con los que actúa la Administración Pública es el de buena fe, confianza legítima y:

a) Lealtad institucional.
b) Proximidad a los ciudadanos.
c) Servicio efectivo a los ciudadanos.
d) Responsabilidad.

2. Según el artículo 3 de la Ley 40/2015, uno de los principios de acuerdo con los que actúa la Administración Pública es el de simplicidad, claridad y:

a) Economía.
b) Eficacia.
c) Proximidad a los ciudadanos.
d) Racionalización.

3. Según el artículo 3 de la Ley 40/2015, uno de los principios de acuerdo con los que actúa la Administración Pública es el de participación, objetividad y:

a) Transparencia de la actuación administrativa.
b) Evaluación de los resultados.
c) Adecuación estricta de los medios a los fines institucionales.
d) Colaboración.

4. De acuerdo con el artículo 3 de la Ley 40/2015, de 1 de octubre, de Régimen Jurídico del Sector Público, ¿cuáles son los principios de actuación de las Administraciones Públicas?

a) Jerarquía, cooperación, descentralización, desconcentración y colaboración.
b) Eficacia, desconcentración, jerarquía, descentralización y cooperación.
c) Coordinación, descentralización, jerarquía, eficacia y desconcentración.
d) Cooperación, jerarquía, descentralización, eficiencia y servicio a los ciudadanos.

5. ¿Qué principios deberán respetar en su actuación las Administraciones Públicas, conforme al artículo 3 de la Ley 40/2015, de 1 de octubre, de Régimen Jurídico del Sector Público?

a) Los de buena fe y confianza legítima.
b) Los de eficiencia y servicio a los ciudadanos.
c) Participación, objetividad y transparencia de la actuación administrativa.
d) Los de transparencia y participación.

6. ¿Qué principios deberán respetar en sus relaciones las Administraciones Públicas?

a) Buena fe, confianza legítima y lealtad institucional.
b) Los de eficiencia y servicio a los ciudadanos.
c) Los de transparencia y participación.
d) Los de cooperación y colaboración.

7. Las Administraciones Públicas se relacionarán entre sí y con sus órganos, organismos públicos y entidades vinculados o dependientes, conforme al artículo 3.2 de la Ley 40/2015, de 1 de octubre, de Régimen Jurídico del Sector Público:

a) A través de medios electrónicos.
b) A través de medios electrónicos, que aseguren la interoperabilidad y seguridad de los sistemas y soluciones adoptadas por cada una de ellas garantizando la protección de los datos de carácter personal, y facilitando preferentemente la prestación conjunta de servicios a los interesados.
c) Directamente y sin dilación garantizando la protección de los datos de carácter personal, y facilitarán preferentemente la prestación conjunta de servicios a los interesados.
d) Preferentemente a través de medios electrónicos, que aseguren la prestación conjunta de servicios a los interesados.

8. ¿Cuál de las siguientes respuestas es correcta, de acuerdo con lo dispuesto en el artículo 3.4 de la Ley 40/2015, de 1 de octubre, de Régimen Jurídico del Sector Público?

a) Cada Administración Pública actúa para el cumplimiento de sus fines con personalidad jurídica única.
b) Las Administraciones Públicas se configuran como órganos territoriales.

c) Las Administraciones Públicas están integradas por entes locales.

d) Cada Administración instrumental actúa para el cumplimiento de sus fines con personalidad jurídica única.

9. Indica, de acuerdo con la Ley 40/2015, de 1 de octubre, de Régimen Jurídico del Sector Público, cuál de las siguientes afirmaciones es INCORRECTA en relación con los principios generales que deben regir la actuación de las Administraciones Públicas:

a) Las Administraciones Públicas sirven con objetividad los intereses generales y actúan de acuerdo con los principios de eficacia, jerarquía, descentralización, desconcentración y coordinación, con sometimiento pleno a la Constitución, a la Ley y al Derecho.

b) Las Administraciones Públicas, igualmente, deberán respetar en su actuación los principios de buena fe, confianza legítima y lealtad institucional.

c) Cada una de las Administraciones Públicas actúa para el cumplimiento de sus fines con personalidad jurídica única.

d) Las Administraciones Públicas, en sus relaciones, se rigen por el principio de cooperación y reciprocidad, y en su actuación por los criterios de cercanía y asistencia a los ciudadanos.

10. Las comunicaciones entre órganos administrativos, tras la Ley 40/2015, de 1 de octubre, de Régimen Jurídico del Sector Público y la Ley 39/2015, de 1 de octubre, de Procedimiento Administrativo Común de la Administraciones Públicas, deben efectuarse:

a) Oralmente.

b) Por escrito siempre.

c) Telemáticamente, como regla general.

d) Por cualquier medio que asegure la constancia de su recepción.

11. En cuanto a la competencia de los órganos administrativos:

a) La competencia es renunciable por los órganos que la tengan atribuida.

b) La titularidad y el ejercicio de las competencias atribuidas a los órganos administrativos no podrán ser desconcentradas en otros jerárquicamente dependientes de aquellos.

c) La encomienda de gestión, la delegación de firma y la suplencia no suponen alteración de la titularidad de la competencia, aunque sí de los elementos determinantes de su ejercicio que en cada caso se prevén.

d) Si alguna disposición atribuye competencia a una Administración, sin especificar el órgano que debe ejercerla, se entenderá que la facultad de instruir y resolver los expedientes corresponde a los órganos superiores competentes por razón de la materia y del territorio.

12. En referencia a los órganos administrativos, podrán delegar competencias relativas a:

a) Asuntos que se refieran a relaciones con la Jefatura del Estado.

b) La adopción de disposiciones de carácter general.

c) La resolución de recursos en los órganos administrativos que hayan dictado los actos objeto de recurso.

d) El ejercicio de la potestad sancionadora.

13. En relación con la delegación de competencias entre órganos administrativos, no es cierto que:

a) La delegación puede ser revocada en cualquier momento por el órgano que la haya conferido.

b) La delegación de competencias atribuidas a órganos colegiados, para cuyo ejercicio ordinario se requiera un quórum especial, deberá adoptarse observando, en todo caso, dicho quórum.

c) Las competencias que se ejercen por delegación pueden ser delegadas.

d) No podrán ser delegadas aquellas materias en que así se determine por norma con rango de ley.

14. En cuanto a la delegación de firma, es cierto que:

a) La delegación de firma altera la competencia del órgano delegante.

b) Para su validez es necesaria su publicación.

c) Solo puede delegarse la firma en materias que se ostenten por atribución.

d) En las resoluciones y actos que se firmen por delegación se hará constar la autoridad de procedencia.

15. En relación con los conflictos de atribuciones entre órganos administrativos, no es cierto que:

a) El órgano administrativo que se estime incompetente para la resolución de un asunto remitirá directamente las actuaciones al órgano que considere competente.

b) Los interesados que sean parte en el procedimiento podrán dirigirse al órgano que se encuentre conociendo de un asunto para que decline su competencia y remita las actuaciones al órgano competente.

c) Los interesados podrán dirigirse al órgano que estimen competente para que requiera de inhibición al que esté conociendo del asunto.

d) Los conflictos de atribuciones solo podrán suscitarse entre órganos de una misma Administración relacionados jerárquicamente.

16. En relación con las instrucciones y órdenes de servicio, no es cierto que:

a) El incumplimiento de las instrucciones u órdenes de servicio supone la invalidez de los actos dictados por los órganos administrativos.

b) Son normas de carácter interno, que no han de afectar a los administrados.

c) No requieren un especial procedimiento de elaboración.

d) Su cumplimiento se subordina al conocimiento de las mismas por sus destinatarios.

17. Señala la respuesta incorrecta. Las autoridades y el personal al servicio de las Administraciones se abstendrán de intervenir en el procedimiento:

a) Cuando tengan interés personal en el asunto de que se trate o en otro en cuya resolución pudiera influir la de aquel.

b) Si tienen parentesco de consanguinidad o de afinidad dentro del cuarto grado, con cualquiera de los interesados.

c) Tener amistad íntima con los administradores de entidades o sociedades interesadas o con los asesores, representantes legales o mandatarios que intervengan en el procedimiento.

d) Haber tenido intervención como perito o como testigo en el procedimiento de que se trate.

18. Señala la respuesta correcta en relación con la abstención en el procedimiento:

a) La actuación de autoridades y personal al servicio de las Administraciones Públicas en los que concurran motivos de abstención implicará, necesariamente, la invalidez de los actos en que hayan intervenido.

b) Los órganos jerárquicamente superiores podrán ordenar a las personas en quienes se dé alguna de las circunstancias señaladas en el art. 23 de la LRJSP que se abstengan de toda intervención en el expediente.

c) La no abstención en los casos en que proceda no dará lugar a responsabilidad.

d) La enemistad manifiesta no es motivo de abstención en el procedimiento de una autoridad de la Administración Pública.

19. En lo concerniente a la recusación, a la que se refiere el art. 24 de la LRJSP:

a) La recusación deberá promoverse por los interesados antes de que se inicie la tramitación del procedimiento.

b) La recusación se planteará por escrito en el que se expresará la causa o causas en que se funda.

c) Si el recusado niega la causa de recusación, el superior resolverá en el plazo de tres meses, previos los informes y comprobaciones que considere oportunos.

d) Contra las resoluciones adoptadas en esta materia cabe recurso de alzada.

20. Los órganos administrativos podrán dirigir las actividades de sus órganos jerárquicamente dependientes mediante:

a) Instrucciones y Órdenes de servicio.

b) Circulares.

c) Notas de servicio y Recomendaciones.

d) Directrices y Avisos.

21. Señala uno de los requisitos necesarios exigidos para la creación de cualquier órgano administrativo:

a) Delimitación de sus funciones y competencias.

b) Determinación de su forma de integración en la Administración Pública de que se trate y su dependencia jerárquica.

c) Dotación de los créditos necesarios para su puesta en marcha y funcionamiento.

d) Todas las respuestas son correctas.

22. Señala la respuesta incorrecta respecto a las instrucciones y órdenes de servicio:

a) Las Instrucciones y Órdenes de Servicio son normas de carácter interno, que no han de afectar a los administrados, que no requieren un especial procedimiento de elaboración y cuyo cumplimiento se subordina al conocimiento de las mismas por sus destinatarios.

b) Las Instrucciones se producen en relación con un órgano o grupo de órganos y sobre asuntos concretos y singulares.

c) Su incumplimiento conllevará la exigencia de responsabilidad disciplinaria sobre la base del TR-LEBEP.

d) El incumplimiento de las instrucciones u órdenes de servicio no afecta por sí solo a la validez de los actos dictados por los órganos administrativos.

23. Señala la respuesta incorrecta respecto a la abstención:

a) Los órganos jerárquicamente superiores a quien se encuentre en alguna de las circunstancias motivo de abstención podrán ordenarle que se abstengan de toda intervención en el expediente.

b) Es motivo de abstención tener interés personal en el asunto de que se trate o en otro en cuya resolución pudiera influir la de aquel.

c) Es motivo de abstención haber intervenido como perito o como testigo en el procedimiento de que se trate.

d) La actuación de autoridades y personal al servicio de las Administraciones Públicas en los que concurran motivos de abstención implicará, necesariamente la invalidez de los actos en que hayan intervenido.

24. Si el recusado niega la causa de recusación, el superior resolverá, previos los informes y comprobaciones que considere oportunos, en el plazo de:

a) Siete días.

b) Cinco días.

c) Tres días.

d) Dos días.

25. Señala la respuesta incorrecta respecto a la figura del Secretario de los órganos colegiados:

a) Corresponderá al Secretario velar por la legalidad formal y material de las actuaciones del órgano colegiado.

b) Los órganos colegiados tendrán un Secretario que deberá ser un miembro del propio órgano.

c) El Secretario certifica las actuaciones del órgano colegiado.

d) El Secretario garantiza que los procedimientos y reglas de constitución y adopción de acuerdos son respetadas.

26. Señala la respuesta incorrecta respecto a las convocatorias y sesiones de los órganos colegiados:

a) No podrá ser objeto de deliberación o acuerdo ningún asunto que no figure incluido en el orden del día, salvo que asistan todos los miembros del órgano colegiado y sea declarada la urgencia del asunto por el voto favorable de la mayoría.

b) Todos los órganos colegiados se podrán constituir, convocar, celebrar sus sesiones, adoptar acuerdos y remitir actas tanto de forma presencial como a distancia, salvo que su reglamento interno recoja expresa y excepcionalmente lo contrario.

c) Para la válida constitución del órgano, a efectos de la celebración de sesiones, deliberaciones y toma de acuerdos, se requerirá la asistencia, presencial o a distancia, del Presidente y Secretario o en su caso, de quienes les suplan, y la de un tercio, al menos, de sus miembros.

d) Los órganos colegiados podrán establecer el régimen propio de convocatorias, si este no está previsto por sus normas de funcionamiento.

27. ¿Con qué antelación mínima deberán los miembros del órgano colegiado recibir la convocatoria conteniendo el orden del día de las reuniones?

a) Una semana.

b) Cuatro días.

c) Tres días.

d) Dos días.

28. Los miembros del órgano colegiado deberán:

a) Formular ruegos y preguntas.

b) Participar en los debates de las sesiones.

c) Ejercer su derecho al voto y formular su voto particular, así como expresar el sentido de su voto y los motivos que lo justifican.

d) Todas las respuestas son correctas.

29. Señala la respuesta incorrecta respecto al Secretario del órgano colegiado:

a) Prepara el despacho de los asuntos, redacta y autoriza las actas de las sesiones.

b) Expide certificaciones de las consultas, dictámenes y acuerdos aprobados.

c) Efectúa la convocatoria de las sesiones del órgano por orden del Presidente, así como las citaciones a los miembros del mismo.

d) Asiste a las reuniones con voz pero sin voto, y con voz y voto si así lo autoriza el Presidente del órgano colegiado.

30. Los miembros del órgano colegiado que discrepen del acuerdo mayoritario podrán formular voto particular por escrito en el plazo de:

a) Diez días.
b) Siete días.
c) Tres días.
d) Dos días.

31. ¿Cuál de los siguientes criterios no se considerará a la hora de graduar las sanciones administrativas?

a) La continuidad o persistencia en la conducta infractora.
b) La reincidencia, por comisión en el término de cinco años de más de una infracción de la misma naturaleza cuando así haya sido declarado por resolución firme en vía administrativa.
c) La naturaleza de los perjuicios causados.
d) El grado de culpabilidad o la existencia de intencionalidad.

32. ¿Cuándo prescribirán las sanciones impuestas por faltas leves?

a) Al año.
b) A los seis meses.
c) A los tres meses.
d) Al mes.

33. Señala la respuesta incorrecta respecto a la prescripción:

a) El plazo de prescripción de las sanciones comenzará a contarse desde el mismo día en que sea ejecutable la resolución por la que se impone la sanción o haya transcurrido el plazo para recurrirla.
b) En el caso de infracciones continuadas o permanentes, el plazo de prescripción comenzará a correr desde que finalizó la conducta infractora.
c) Interrumpirá la prescripción la iniciación, con conocimiento del interesado, de un procedimiento administrativo de naturaleza sancionadora, reiniciándose el plazo de prescripción si el expediente sancionador estuviera paralizado durante más de un mes por causa no imputable al presunto responsable.
d) En el caso de desestimación presunta del recurso de alzada interpuesto contra la resolución por la que se impone la sanción, el plazo de prescripción de la sanción comenzará a contarse desde el día siguiente a aquel en que finalice el plazo legalmente previsto para la resolución de dicho recurso.

34. Las infracciones administrativas se clasificarán por la ley en:

a) Graves y leves.
b) Leves, graves y muy graves.
c) Leves, graves, menos graves y muy graves.
d) Muy graves, graves y menos graves.

35. En la determinación normativa del régimen sancionador, así como en la imposición de sanciones por las Administraciones Públicas se deberá observar la debida idoneidad y necesidad de la sanción a imponer y su adecuación a la gravedad del hecho constitutivo de la infracción. La graduación de la sanción considerará especialmente el siguiente criterio:

a) La naturaleza de los perjuicios causados.
b) El grado de culpabilidad o la existencia de intencionalidad.
c) La reincidencia, por comisión en el término de un año de más de una infracción de la misma naturaleza cuando así haya sido declarado por resolución firme en vía administrativa.
d) Todas las respuestas son correctas.

36. Cuando de la comisión de una infracción derive necesariamente la comisión de otra u otras, se deberá imponer:

a) Únicamente la sanción correspondiente a la infracción más grave cometida.
b) Únicamente la sanción correspondiente a la infracción más leve cometida.
c) Únicamente la sanción correspondiente a la primera infracción cometida.
d) Todas y cada una de las sanciones correspondientes a las infracciones cometidas.

37. Las infracciones y sanciones prescribirán según lo dispuesto en las leyes que las establezcan. Si estas no fijan plazos de prescripción, las infracciones muy graves prescribirán:

a) A los cinco años.
b) A los tres años.
c) Al año.
d) A los seis meses.

38. Las infracciones leves prescribirán:

a) Al año.
b) A los seis meses.
c) A los tres meses.
d) Al mes.

39. ¿Cuándo prescriben las sanciones impuestas por faltas graves?

a) A los cinco años.
b) A los tres años.
c) A los dos años.
d) Al año.

40. Señala la respuesta incorrecta respecto a la prescripción de las infracciones y sanciones:

a) El plazo de prescripción de las infracciones comenzará a contarse desde el día siguiente en que la infracción se hubiera cometido.

b) En el caso de infracciones continuadas o permanentes, el plazo comenzará a correr desde que finalizó la conducta infractora.

c) El plazo de prescripción de las sanciones comenzará a contarse desde el día siguiente a aquel en que sea ejecutable la resolución por la que se impone la sanción o haya transcurrido el plazo para recurrirla.

d) Interrumpirá la prescripción la iniciación, con conocimiento del interesado, del procedimiento de ejecución, volviendo a transcurrir el plazo si aquel está paralizado durante más de un mes por causa no imputable al infractor.

41. ¿En qué caso, las sanciones administrativas de naturaleza pecuniaria, podrán implicar privación de libertad?

a) Cuando la sanción sea por la comisión reiterada de infracciones muy graves.

b) Cuando la sanción sea consecuencia de una infracción muy grave que afecte al interés público general.

c) Cuando el infractor sea reincidente.

d) En ningún caso.

42. ¿Cuándo prescriben las sanciones impuestas por faltas muy graves?

a) A los cinco años.

b) A los tres años.

c) A los dos años.

d) Al año.

43. Con carácter general, las infracciones graves prescribirán:

a) Al año.

b) A los dos años.

c) A los tres años.

d) A los cinco años.

44. Interrumpirá la prescripción de la infracción, la iniciación, con conocimiento del interesado, de un procedimiento administrativo de naturaleza sancionadora, reiniciándose el plazo de prescripción si el expediente sancionador estuviera paralizado durante:

a) Un mes por causa no imputable al presunto responsable.

b) Más de un mes por causa no imputable al presunto responsable.

c) Más de quince días por causa no imputable al presunto responsable.

d) Más de veinte días por causa no imputable al presunto responsable.

45. El sistema de responsabilidad patrimonial se aplica:

a) A todas las Administraciones Públicas.

b) A las Comunidades Autónomas.

c) A las Comunidades Autónomas y a la Administración Local.
d) A la Administración Local.

46. El derecho a ser indemnizados por toda lesión que sufran en sus bienes y derechos como consecuencia del funcionamiento de los servicios públicos se reconoce a:

a) Los particulares.
b) Las personas jurídicas.
c) Los ciudadanos.
d) Las Administraciones.

47. ¿Cómo ha de ser el daño alegado en las reclamaciones de responsabilidad patrimonial?

a) Efectivo, evaluable económicamente e individualizado con relación con una persona o grupo de personas.
b) Directo y resarcible.
c) Susceptible de valoración y demostrable.
d) Debe producir consecuencias negativas en la actividad de la persona dañada.

48. No serán indemnizables los daños:

a) Que el particular no tenga el deber jurídico de soportar de acuerdo con la ley.
b) Producidos por fuerza mayor.
c) Producidos por circunstancias evitables.
d) Producidos por un hecho superable.

49. Existirá responsabilidad patrimonial si la lesión es consecuencia del:

a) Funcionamiento en general de los servicios públicos.
b) Funcionamiento normal o anormal de los servicios públicos.
c) Funcionamiento anormal de los servicios públicos.
d) Funcionamiento ilegal de los servicios públicos.

50. La regla general es que la responsabilidad concurrente de diferentes Administraciones Públicas es:

a) Mancomunada.
b) Solidaria.
c) Indiferente.
d) Indistinta.

51. La Administración podrá abonar la indemnización derivada de una responsabilidad patrimonial:

a) En metálico y regalo de bienes.
b) En especie, si media acuerdo con el interesado.

c) Solo se le permite que el pago lo haga a plazos.

d) Solo podrá utilizarse el pago en especie.

52. En los supuestos en los que el particular conoce a la autoridad o empleado público que le ha causado el daño:

a) Lo demandará ante los tribunales civiles.

b) No lo podrá demandar ante la Administración hasta que el empleado haya reconocido su culpa.

c) Reclamará a la Administración donde el empleado público presta sus servicios.

d) Las respuestas a) y b) son correctas.

53. En relación con la responsabilidad penal del personal al servicio de las Administraciones Públicas el Código Penal no recoge el siguiente tipo delictivo:

a) Malversación.

b) Cohecho.

c) Homicidio.

d) Desobediencia.

54. El plazo de prescripción del derecho a reclamar la responsabilidad patrimonial es de:

a) Cinco años.

b) Seis meses.

c) Un año.

d) Nunca prescribe.

55. En el caso de daños físicos el plazo de prescripción del derecho a reclamar la responsabilidad patrimonial comienza a contarse desde:

a) La fecha de producción del daño.

b) Desde la curación o la determinación del alcance de las secuelas.

c) La fecha de manifestación del efecto lesivo.

d) La fecha del accidente.

56. Si el daño que ha sufrido el particular se ha producido por dolo, culpa o negligencia grave de la autoridad o empleado público:

a) La Administración correspondiente, cuando hubiere indemnizado a los lesionados, les exigirá de oficio en vía administrativa la responsabilidad en que hubieran incurrido.

b) Una vez satisfecha la indemnización la Administración podrá exigir al empleado público su responsabilidad.

c) La Administración correspondiente le pedirá el dinero para después pagar al reclamante.

d) La Administración no exigirá al empleado público su responsabilidad.

57. ¿Cómo denomina la Ley 40/2015 al punto de acceso electrónico cuya titularidad corresponda a una Administración Pública, organismo público o entidad de Derecho Público, que permite el acceso a través de internet a la información publicada y, en su caso, a la sede electrónica correspondiente?

a) Intrexnet.
b) Extranet.
c) Intranet.
d) Portal de internet.

58. Los Convenios suscritos por la Administración Pública con sujetos de derecho público y privado, deberán remitirse al órgano competente de fiscalización, cuando superen el importe previsto en la ley 40/2015, dentro de un plazo de:

a) Tres meses.
b) Cinco meses.
c) Diez meses.
d) Un año.

59. En los Convenios suscritos por la Administración Pública con sujetos de derecho público y privado, las aportaciones financieras que se comprometan a realizar los firmantes:

a) Podrán ser superiores a los gastos derivados de la ejecución del convenio.
b) No podrán ser superiores a los gastos derivados de la ejecución del convenio.
c) No podrán ser superiores a los gastos derivados de la inscripción del convenio.
d) Podrán ser inferiores a los gastos derivados de la ejecución del convenio, si es posteriormente autorizada la ampliación.

60. ¿Cuándo se perfeccionan los convenios celebrados por la Administración Pública con sujetos de derecho público y privado?

a) Por la firma de la Administración Pública.
b) Por la firma de una de las partes.
c) Por la inscripción de dicho convenio.
d) Por la prestación del consentimiento de las partes.

61. El establecimiento de una sede electrónica por la Administración Pública conlleva la responsabilidad del titular respecto:

a) De la integridad, veracidad y actualización de la información y los servicios a los que pueda accederse a través de la misma.
b) De la seguridad del sistema y de los servicios a los que pueda accederse a través de la web de cualquier Ministerio.
c) Solo de la veracidad de la información.
d) De la seguridad en los servicios a los que pueda accederse a través de la información.

62. Los Convenios suscritos por la Administración Pública con sujetos de derecho público y privado, deberán remitirse electrónicamente al órgano competente de fiscalización, dentro del plazo previsto en la ley 40/2015, cuando superen el importe de:

a) 1.000.000 euros
b) 300.000 euros.
c) 100.000 euros
d) 600.000 euros.

63. La relación de sellos electrónicos utilizados por cada Administración Pública, incluyendo las características de los certificados electrónicos y los prestadores que los expiden, deberá ser:

a) Privada y accesible mediante autorización expresa.
b) Pública y accesible por medios electrónicos.
c) Pública pero no accesible.
d) Privada o accesible por medios electrónicos.

64. ¿Cómo denomina la Ley 40/2015 a cualquier acto o actuación realizada íntegramente a través de medios electrónicos por una Administración Pública en el marco de un procedimiento administrativo y en la que no haya intervenido de forma directa un empleado público?

a) Actuación administrativa técnica.
b) Actuación administrativa instantánea.
c) Actuación administrativa informatizada.
d) Actuación administrativa automatizada.

65. Con carácter general, los convenios celebrados entre órganos administrativos con sujetos de derecho público y privado deberán tener una duración determinada, que no podrá ser superior a:

a) Diez años.
b) Siete años.
c) Cinco años.
d) Cuatro años.

66. Los medios o soportes en que se almacenen documentos utilizados en las actuaciones administrativas, deberán contar con medidas de seguridad, de acuerdo con lo previsto:

a) En el Código de Seguridad Nacional.
b) En la Ley de Seguridad Administrativa
c) En El Protocolo de Seguridad Nacional.
d) El Esquema Nacional de Seguridad.

67. Señala la respuesta incorrecta. Es causa de resolución de los convenios suscritos por las Administraciones Públicas, sus organismos públicos y entidades de derecho público vinculado o dependientes y las Universidades públicas con sujetos de derecho público y privado:

a) El transcurso del plazo de vigencia del convenio sin haberse acordado la prórroga del mismo.

b) El acuerdo de resolución de la mayoría simple de los firmantes.

c) El incumplimiento de los compromisos asumidos por parte de alguno de los firmantes.

d) El incumplimiento de las obligaciones asumidas por parte de alguno de los firmantes.

68. Las modificaciones, prórrogas o variaciones de plazos de los Convenios suscritos por la Administración Pública con sujetos de derecho público y privado, cuando superen el importe fijado en la Ley 40/2015, se comunicarán:

a) Al Tribunal Constitucional u órgano interno de fiscalización de la Comunidad Autónoma.

b) Al Tribunal de Cuentas u órgano externo de fiscalización de la Comunidad Autónoma.

c) Al Consejo Consultivo del Estado.

d) A la Comisión de fiscalización externa.

Solución al test n.º 11

1. a) Lealtad institucional.

2. c) Proximidad a los ciudadanos.

3. a) Transparencia de la actuación administrativa.

4. c) Coordinación, descentralización, jerarquía, eficacia y desconcentración.

5. c) Participación, objetividad y transparencia de la actuación administrativa.

6. a) Buena fe, confianza legítima y lealtad institucional.

7. b) A través de medios electrónicos, que aseguren la interoperabilidad y seguridad de los sistemas y soluciones adoptadas por cada una de ellas, garantizando la protección de los datos de carácter personal, y facilitando preferentemente la prestación conjunta de servicios a los interesados.

8. a) Cada Administración Pública actúa para el cumplimiento de sus fines con personalidad jurídica única.

9. d) Las Administraciones Públicas, en sus relaciones, se rigen por el principio de cooperación y reciprocidad, y en su actuación por los criterios de cercanía y asistencia a los ciudadanos.

10. c) Telemáticamente, como regla general.

11. c) La encomienda de gestión, la delegación de firma y la suplencia no suponen alteración de la titularidad de la competencia, aunque sí de los elementos determinantes de su ejercicio que en cada caso se prevén.

12. d) El ejercicio de la potestad sancionadora.

13. c) Las competencias que se ejercen por delegación pueden ser delegadas.

14. d) En las resoluciones y actos que se firmen por delegación se hará constar la autoridad de procedencia.

15. d) Los conflictos de atribuciones sólo podrán suscitarse entre órganos de una misma Administración relacionados jerárquicamente.

16. a) El incumplimiento de las instrucciones u órdenes de servicio supone la invalidez de los actos dictados por los órganos administrativos.

17. b) Si tienen parentesco de consanguinidad o de afinidad dentro del cuarto grado, con cualquiera de los interesados.

18. b) Los órganos jerárquicamente superiores podrán ordenar a las personas en quienes se dé alguna de las circunstancias señaladas en el art. 23 de la LRJSP que se abstengan de toda intervención en el expediente.

19. b) La recusación se planteará por escrito en el que se expresará la causa o causas en que se funda.

20. a) Instrucciones y Órdenes de servicio.

21. d) Todas las respuestas son correctas.

22. b) Las Instrucciones se producen en relación con un órgano o grupo de órganos y sobre asuntos concretos y singulares.

23. d) La actuación de autoridades y personal al servicio de las Administraciones Públicas en los que concurran motivos de abstención implicará, necesariamente la invalidez de los actos en que hayan intervenido.

24. c) Tres días.

25. b) Los órganos colegiados tendrán un Secretario que deberá ser un miembro del propio órgano.

26. c) Para la válida constitución del órgano, a efectos de la celebración de sesiones, deliberaciones y toma de acuerdos, se requerirá la asistencia, presencial o a distancia, del Presidente y Secretario o en su caso, de quienes les suplan, y la de un tercio, al menos, de sus miembros.

27. d) Dos días.

28. d) Todas las respuestas son correctas.

29. d) Asiste a las reuniones con voz pero sin voto, y con voz y voto si así lo autoriza el Presidente del órgano colegiado.

30. d) Dos días.

31. b) La reincidencia, por comisión en el término de cinco años de más de una infracción de la misma naturaleza cuando así haya sido declarado por resolución firme en vía administrativa.

32. a) Al año.

33. a) El plazo de prescripción de las sanciones comenzará a contarse desde el mismo día en que sea ejecutable la resolución por la que se impone la sanción o haya transcurrido el plazo para recurrirla.

34. b) Leves, graves y muy graves.

35. d) Todas las respuestas son correctas.

36. a) Únicamente la sanción correspondiente a la infracción más grave cometida.

37. b) A los tres años.

38. b) A los seis meses.

39. c) A los dos años.

40. a) El plazo de prescripción de las infracciones comenzará a contarse desde el día siguiente en que la infracción se hubiera cometido.

41. d) En ningún caso.

42. b) A los tres años.

43. b) A los dos años.

44. b) Más de un mes por causa no imputable al presunto responsable.

45. a) A todas las Administraciones Públicas.

46. a) Los particulares.

47. a) Efectivo, evaluable económicamente e individualizado con relación con una persona o grupo de personas.

48. b) Producidos por fuerza mayor.

49. b) Funcionamiento normal o anormal de los servicios públicos.

50. b) Solidaria.

51. b) En especie, si media acuerdo con el interesado.

52. c) Reclamará a la Administración donde el empleado público presta sus servicios.

53. c) Homicidio.

54. c) Un año.

55. b) Desde la curación o la determinación del alcance de las secuelas.

56. a) La Administración correspondiente, cuando hubiere indemnizado a los lesionados, les exigirá de oficio en vía administrativa la responsabilidad en que hubieran incurrido.

57. d) Portal de internet.

58. a) Tres meses.

59. b) No podrán ser superiores a los gastos derivados de la ejecución del convenio.

60. d) Por la prestación del consentimiento de las partes.

61. a) De la integridad, veracidad y actualización de la información y los servicios a los que pueda accederse a través de la misma.

62. d) 600.000 euros.

63. b) Pública y accesible por medios electrónicos.

64. d) Actuación administrativa automatizada.

65. d) Cuatro años.

66. d) El Esquema Nacional de Seguridad.

67. b) El acuerdo de resolución de la mayoría simple de los firmantes.

68. b) Al Tribunal de Cuentas u órgano externo de fiscalización de la Comunidad Autónoma.

**Ley de Régimen Jurídico del Sector Público (II):
Administración General del Estado: Órganos territoriales.
Organización y funcionamiento del sector público institucional:
De los consorcios. Relaciones interadministrativas**

1. Señala cuál de las siguientes no es una función propia de los Delegados de Gobierno en las Comunidades Autónomas:

a) Coordinar la información sobre los programas y actividades del Gobierno y la Administración General del Estado y sus Organismos públicos en la Comunidad Autónoma.
b) Promover la colaboración con las restantes Administraciones Públicas en materia de información al ciudadano.
c) Dirigir y coordinar la protección civil en el ámbito de la provincia.
d) Suspender la ejecución de los actos impugnados dictados por los órganos de la Delegación del Gobierno, cuando le corresponda resolver el recurso.

2. Señala cuál de las siguientes no es una función propia de los Subdelegados de Gobierno:

a) Coordinar la utilización de los medios materiales y, en particular, de los edificios administrativos en el ámbito territorial de su competencia.
b) Impulsar, supervisar e inspeccionar los servicios no integrados de la Administración General del Estado.
c) Mantener las necesarias relaciones de la Administración General del Estado y sus Organismos públicos con las correspondientes Entidades locales en el ámbito de la provincia.
d) Proponer al Ministerio para la Transformación Digital y de la Función Pública medidas para incluir en los planes de recursos humanos de la Administración General del Estado.

3. Los Secretarios generales ostentan la categoría de:

a) Director General.
b) Subsecretario.
c) Secretario de Estado.
d) Gerente.

4. Los Secretarios Generales, serán nombrados y separados por:

a) Decreto del Presidente del Gobierno a propuesta del Consejo de Ministros.

b) Real Decreto del Presidente del Gobierno a propuesta del Rey.

c) Real Decreto del Consejo de Ministros, a propuesta del titular del Ministerio o del Presidente del Gobierno.

d) Decreto del Consejo de Ministros.

5. Una Comisión Bilateral de Cooperación se puede definir como:

a) Un órgano de cooperación, de ámbito sectorial determinado, que reúne, como Presidente, al miembro del Gobierno que, en representación de la Administración General del Estado, resulte competente por razón de la materia, y a los correspondientes miembros de los Consejos de Gobierno, en representación de las CCAA y de las Ciudades de Ceuta y Melilla.

b) Un órgano de cooperación, que reúnen, por un número igual de representantes, a miembros del Gobierno, en representación de la Administración General del Estado, y miembros del Consejo de Gobierno de la Comunidad Autónoma o representantes de la Ciudad de Ceuta o de la Ciudad de Melilla.

c) Un órgano de cooperación, entre el Gobierno de la Nación y los respectivos Gobiernos de las CCAA y está formada por el Presidente del Gobierno, que la preside, y por los Presidentes de las CCAA y de las Ciudades de Ceuta y Melilla.

d) Un órgano de cooperación, entre Administraciones cuyos territorios sean coincidentes o limítrofes, para mejorar la coordinación de la prestación de servicios, prevenir duplicidades y mejorar la eficiencia y calidad de los servicios, creado cuando así lo requiera la proximidad territorial o la concurrencia de funciones administrativas.

6. En el marco de los principios generales de las relaciones interadministrativas, el principio de coordinación supone que cualquier Administración Pública y, singularmente, la Administración General del Estado tiene la obligación de garantizar:

a) La lealtad de las actuaciones de las diferentes AAPP afectadas por una misma materia para la consecución de un resultado común, cuando así lo prevé la CE y los Estatutos de Autonomía.

b) La transparencia de las actuaciones de las diferentes AAPP afectadas por una misma materia para la consecución de un resultado común, cuando así lo prevé la CE y el resto del ordenamiento jurídico.

c) La proporcionalidad de las actuaciones de las diferentes AAPP afectadas por una misma materia para la consecución de un resultado común, cuando así lo prevé la CE y los Estatutos de Autonomía.

d) La coherencia de las actuaciones de las diferentes AAPP afectadas por una misma materia para la consecución de un resultado común, cuando así lo prevé la CE y el resto del ordenamiento jurídico.

7. Las relaciones entre la Administración General del Estado o las Administraciones de las Comunidades Autónomas con las Entidades que integran la Administración Local se regirán:

a) Por lo previsto en su normativa específica, en el marco de los principios que inspiran la actuación administrativa de acuerdo con la LPACAP.

b) En lo no previsto en el Título III de la LRJSP, por la legislación básica en materia de régimen local.

c) Por la LRJSP y supletoriamente por lo dispuesto en su normativa específica.

d) Por la legislación básica en materia de régimen local, así como por la normativa de estabilidad presupuestaria y sostenibilidad financiera y supletoriamente por la LRJSP.

8. La eficiencia en la gestión de los recursos públicos supone que:

a) Las AAPP asumen compromisos específicos en aras de una acción común.

b) Las AAPP compartirán el uso de recursos comunes, salvo que no resulte posible o se justifique en términos de su mejor aprovechamiento.

c) Las AAPP tienen el deber de actuar con el resto de Administraciones Públicas para el logro de fines comunes.

d) Las AAPP compartirán las competencias, salvo que no resulte posible o se justifique en términos de su mejor aprovechamiento.

9. En el marco del deber de colaboración entre las AAPP, las citadas Administraciones deberán:

a) Prestar, en el ámbito propio, la asistencia que las otras Administraciones pudieran solicitar para garantizar, siempre que fuera posible, el ejercicio de las competencias sancionadoras.

b) Ponderar, en el ejercicio de las competencias compartidas, la totalidad de los intereses públicos implicados y, en concreto, aquellos cuya gestión esté encomendada a las otras Administraciones.

c) Facilitar a las otras Administraciones la información que precisen sobre la actividad que desarrollen en el ejercicio de las competencias compartidas o que sea necesaria para que los ciudadanos puedan acceder de la mejor forma posible a la información relativa a una materia.

d) Respetar el ejercicio legítimo por las otras Administraciones de sus competencias.

10. De las técnicas de colaboración entre las AAPP podemos citar la siguiente:

a) El suministro de información, datos, documentos o medios probatorios que se hallen a disposición del organismo público o la entidad al que se dirige la solicitud y que la Administración solicitante precise disponer, a modo de información general.

b) La creación y mantenimiento de sistemas integrados de información administrativa con el fin de disponer de datos actualizados, completos y permanentes referentes a los diferentes ámbitos de actividad administrativa en todo el territorio nacional.

c) El deber de asistencia y auxilio, para atender las solicitudes formuladas por otras Administraciones para el mejor ejercicio de sus competencias, en especial cuando la actividad administrativa afecten, exclusivamente, a su ámbito territorial.

d) El suministro de información, datos, documentos o medios probatorios que pudiera obtener el organismo público o la entidad al que se dirige la solicitud para mejorar la gestión de la Administración solicitante.

11. La Conferencia Sectorial es:

a) Un órgano de cooperación de composición bilateral que reúnen, por un número igual de representantes, a miembros del Gobierno, en representación de la Administración General del Estado, y miembros del Consejo de Gobierno de la CCAA o representantes de la Ciudad de Ceuta o de la Ciudad de Melilla.

b) Un órgano de cooperación multilateral entre el Gobierno de la Nación y los respectivos Gobiernos de las CCAA y está formada por el Presidente del Gobierno, que la preside, y por los Presidentes de las CCAA y de las Ciudades de Ceuta y Melilla.

c) Un órgano de cooperación, de composición multilateral y ámbito sectorial determinado, que reúne, como Presidente, al miembro del Gobierno que, en representación de la Administración General del Estado, resulte competente por razón de la materia, y a los correspondientes miembros de los Consejos de Gobierno, en representación de las CCAA y de las Ciudades de Ceuta y Melilla.

d) Una comisión territorial de coordinación, de composición multilateral, entre Administraciones cuyos territorios sean coincidentes o limítrofes, para mejorar la coordinación de la prestación de servicios, prevenir duplicidades y mejorar la eficiencia y calidad de los servicios. Creada cuando así la requiera la proximidad territorial o la concurrencia de funciones administrativas.

12. La convocatoria de las reuniones de una Conferencia Sectorial corresponde:

a) Al Ministro que presida la Conferencia Sectorial, que acordará la convocatoria de las reuniones por iniciativa propia, al menos una vez al año, o cuando lo soliciten, al menos, la tercera parte de sus miembros.

b) Al Presidente del Gobierno, que la preside, que acordará la convocatoria de las reuniones por iniciativa propia, al menos dos veces al año, o cuando lo soliciten, al menos, dos terceras partes de sus miembros.

c) Al Ministro que presida la Conferencia Sectorial, que acordará la convocatoria de las reuniones por iniciativa propia, al menos una vez al trimestre, o cuando lo soliciten, al menos, dos terceras partes de sus miembros.

d) Al Presidente de la Comunidad Autónoma o de las Ciudades de Ceuta y Melilla que le corresponda presidirla cada año, que acordará la convocatoria de las reuniones por iniciativa propia, al menos una vez al trimestre, o cuando lo soliciten, al menos, la tercera parte de sus miembros.

13. Las diferentes AAPP actúan y se relacionan con otras Administraciones y entidades u organismos vinculados o dependientes de estas de acuerdo con los siguientes principios:

a) Lealtad institucional; Adecuación al orden de distribución de competencias establecido; Colaboración; Cooperación; Coordinación; Eficiencia en la gestión de los recursos públicos; Responsabilidad de cada Administración Pública en el cumplimiento de sus obligaciones y compromisos; Garantía e igualdad en el ejercicio de los derechos de todos los ciudadanos en sus relaciones con las diferentes Administraciones; Solidaridad interterritorial de acuerdo con la CE.

b) Necesidad; Eficacia; Proporcionalidad; Seguridad jurídica; Transparencia y Eficiencia.

c) Lealtad institucional; Adecuación al orden de distribución de competencias establecido; Colaboración; Eficacia en la gestión de los recursos públicos; Responsabilidad de cada Administración Pública en el cumplimiento de sus obligaciones y compromisos; Garantía e igualdad en el ejercicio de los derechos de todos los ciudadanos en sus relaciones con las diferentes Administraciones.

d) Necesidad; Eficacia; Proporcionalidad; Seguridad jurídica; Transparencia; Eficiencia; Responsabilidad de cada Administración Pública en el cumplimiento de sus obligaciones y compromisos; Garantía e igualdad en el ejercicio de los derechos de todos los ciudadanos en sus relaciones con las diferentes Administraciones; Solidaridad interterritorial de acuerdo con la CE.

14. ¿Cuál es el régimen de convocatorias de las Comisiones Territoriales de Coordinación?

a) El mismo que el establecido para las Conferencias Sectoriales, en los arts. 149 y 150 de la LRJSP.

b) El que establezca su propio reglamento interno de funcionamiento.

c) El mismo que el establecido para las Conferencias de Presidentes, en el art. 147 de la LRJSP.

d) El mismo que el establecido para las Comisiones Sectoriales, en el art. 153 de la LRJSP.

15. Las obligaciones que se derivan del deber de colaboración se harán efectivas utilizando alguna de estas técnicas:

a) La prestación de medios materiales, económicos o personales a otras AAPP.

b) El deber de asistencia y auxilio, para atender las solicitudes formuladas por otras Administraciones para el mejor ejercicio de sus competencias, en especial cuando los efectos de su actividad administrativa se extiendan fuera de su ámbito territorial.

c) La emisión de informes no preceptivos con el fin de que las diferentes Administraciones expresen su criterio sobre propuestas o actuaciones que incidan en sus competencias.

d) Las actuaciones de cooperación en materia patrimonial, incluidos los cambios de titularidad y la cesión de bienes, previstas en la legislación patrimonial.

16. ¿Qué artículo define que debemos entender por "órganos de cooperación"?

a) El art. 143 de la LRJSP.
b) El art. 145 de la LRJSP.
c) El art. 153 de la LRJSP.
d) El art. 155 de la LRJSP.

17. Se podrá dar cumplimiento al principio de cooperación, de acuerdo con las técnicas que las Administraciones estimen más adecuadas, y entre ellas, podemos citar la siguiente:

a) El suministro de información, datos, documentos o medios probatorios que se hallen a disposición del organismo público o la entidad al que se dirige la solicitud y que la Administración solicitante precise disponer para el ejercicio de sus competencias.
b) La participación en órganos consultivos de otras AAPP.
c) La creación y mantenimiento de sistemas integrados de información administrativa con el fin de disponer de datos actualizados, completos y permanentes referentes a los diferentes ámbitos de actividad administrativa en todo el territorio nacional.
d) El deber de asistencia y auxilio, para atender las solicitudes formuladas por otras Administraciones para el mejor ejercicio de sus competencias, en especial cuando los efectos de su actividad administrativa se extiendan fuera de su ámbito territorial.

18. La Conferencia de Presidentes tiene por objeto:

a) La mejora de la coordinación de la prestación de servicios, evitando duplicidades y mejorando la eficiencia y calidad de los servicios.
b) La deliberación de asuntos y la adopción de acuerdos de interés para el Estado y las CCAA.
c) El ejercicio de funciones consultivas, decisorias o de coordinación orientadas a alcanzar acuerdos sobre materias comunes.
d) El ejercicio de funciones de consulta y adopción de acuerdos que tengan por objeto la mejora de la coordinación entre las respectivas Administraciones en asuntos que afecten de forma singular a la Comunidad Autónoma, a la Ciudad de Ceuta o a la Ciudad de Melilla.

19. Una Conferencia Sectorial está formada por:

a) El Presidente del Gobierno, que la preside, y por los Presidentes de las CCAA y de las Ciudades de Ceuta y Melilla.
b) Los correspondientes miembros de los Consejos de Gobierno, en representación de las CCAA y de las Ciudades de Ceuta y Melilla y el Presidente del Gobierno, que la preside.
c) El Presidente del Gobierno, que la preside; El miembro del Gobierno que, en representación de la Administración General del Estado, resulte competente por razón de la materia y los correspondientes miembros de los Consejos de Gobierno, en representación de las CCAA y de las Ciudades de Ceuta y Melilla.

d) El miembro del Gobierno que, en representación de la Administración General del Estado, resulte competente por razón de la materia, y que actuará como Presidente, y los correspondientes miembros de los Consejos de Gobierno, en representación de las CCAA y de las Ciudades de Ceuta y Melilla.

20. ¿A quién se debe informar de los anteproyectos de leyes y los proyectos de reglamentos de los Consejos de Gobierno de las CCAA cuando afecten de manera directa al ámbito competencial de las otras AAPP?

a) La Conferencia de Presidentes.
b) Las Comisiones Territoriales de Coordinación.
c) Las Conferencias Sectoriales.
d) Las Comisiones Bilaterales de Cooperación.

21. ¿Cómo se denomina el órgano de trabajo y de apoyo de carácter general de la Conferencia Sectorial?

a) El Grupo de Trabajo de una Conferencia Sectorial.
b) La Comisión Sectorial de una Conferencia Sectorial.
c) La Comisión Bilateral de Coordinación de una Conferencia Sectorial.
d) La Comisión Territorial de Coordinación de una Conferencia Sectorial

22. ¿Qué funciones ejercen las Comisiones Bilaterales de Cooperación?

a) Funciones de apoyo de carácter general de la Conferencia Sectorial.
b) Funciones de apoyo del Consejo de Ministros y de las Comisiones Delegadas del Gobierno.
c) Funciones de consulta y adopción de acuerdos que tengan por objeto la mejora de la coordinación entre las respectivas Administraciones en asuntos que afecten de forma singular a la Comunidad Autónoma, a la Ciudad de Ceuta o a la Ciudad de Melilla.
d) Funciones de asesoramiento, apoyo técnico y, en su caso, la gestión directa en relación con las funciones de planificación, programación y presupuestación, cooperación internacional, acción en el exterior, organización y recursos humanos, sistemas de información y comunicación, producción normativa, asistencia jurídica, gestión financiera, gestión de medios materiales y servicios auxiliares, seguimiento, control e inspección de servicios comunes de los Ministerios, estadística para fines estatales y publicaciones.

23. Las Administraciones cooperarán:

a) Al servicio de la seguridad jurídica y tendrán que acordar obligatoriamente la forma de ejercer sus respectivas competencias que mejor sirva a este principio.
b) Al servicio del bien común y la solidaridad y podrán acordar de manera voluntaria la forma de ejercer sus respectivas competencias que mejor sirva a este principio.
c) Al servicio de las instituciones del Estado, de las CCAA, y de las Entidades Locales y tendrán que acordar obligatoriamente la forma de ejercer sus respectivas competencias que mejor sirva a este principio.
d) Al servicio del interés general y podrán acordar de manera voluntaria la forma de ejercer sus respectivas competencias que mejor sirva a este principio.

24. La Conferencia de Presidentes es:

a) Un órgano de colaboración multilateral entre la Administración General del Estado, las Administraciones Autonómicas y las EELL.

b) Un órgano de cooperación bilateral entre el Gobierno de la Nación y el Gobierno de cada CCAA.

c) Un órgano de colaboración multilateral entre los Gobiernos de las CCAA.

d) Un órgano de cooperación multilateral entre el Gobierno de la Nación y los respectivos Gobiernos de las CCAA.

25. Las decisiones de las Conferencias Sectoriales podrán revestir forma de:

a) Acuerdo o Decreto.

b) Acuerdo o Convenio.

c) Acuerdo o Recomendación.

d) Convenio o Recomendación.

26. Entre las funciones de una Comisión Sectorial de una Conferencia Sectorial podemos citar la siguiente:

a) El establecimiento de mecanismos de intercambio de información, especialmente de contenido estadístico.

b) La adopción de un acuerdo sobre la organización interna y el método de trabajo de la Conferencia Sectorial.

c) El seguimiento y evaluación de los Grupos de trabajo constituidos por la Conferencia Sectorial.

d) La recepción de los actos de comunicación de los miembros de la Conferencia Sectorial y, por tanto, de las notificaciones, peticiones de datos, rectificaciones o de cualquiera otra clase de escritos de los que deba tener conocimiento.

27. El reglamento de organización y funcionamiento interno de una Conferencia Sectorial será aprobado:

a) Por sus miembros.

b) Por el Ministro que presida la Conferencia Sectorial.

c) Por el Presidente del Gobierno.

d) Por el Presidente de la Comunidad Autónoma o de las Ciudades de Ceuta y Melilla, de común acuerdo con el Ministro que preside la Conferencia Sectorial.

28. Las decisiones adoptadas por las Comisiones Bilaterales de Cooperación revestirán la forma de:

a) Instrucciones, pero no serán de obligado cumplimiento.

b) Acuerdos y serán de obligado cumplimiento, cuando así se prevea expresamente, para las dos Administraciones que lo suscriban y en ese caso serán exigibles conforme a lo establecido en la Ley 29/1998, de 13 de julio, reguladora de la Jurisdicción Contencioso-administrativa.

c) Acuerdos, pero no serán de obligado cumplimiento.

d) Convenios y serán de obligado cumplimiento, cuando así se prevea expresamente, para las dos Administraciones que lo suscriban y en ese caso serán exigibles conforme a lo establecido en la Ley 29/1998, de 13 de julio, reguladora de la Jurisdicción Contencioso-administrativa.

29. Entre las funciones de una Comisión Sectorial de una Conferencia Sectorial podemos citar la siguiente:

a) Establecer mecanismos de intercambio de información, especialmente de contenido estadístico.

b) Acordar la organización interna y de su método de trabajo.

c) Establecer planes específicos de cooperación entre CCAA en la materia sectorial correspondiente, procurando la supresión de duplicidades, y la consecución de una mejor eficiencia de los servicios públicos.

d) Preparar las reuniones de la Conferencia Sectorial, para lo que tratará los asuntos incluidos en el orden del día de la convocatoria.

30. ¿Quién podrá solicitar la participación de las organizaciones representativas de intereses afectados en el Grupo de Trabajo de una Conferencia Sectorial?

a) El director del Grupo de trabajo, que será un representante de la Administración General del Estado, con el voto favorable de la mayoría de sus miembros.

b) El Secretario de Estado u órgano superior de la Administración General del Estado designado al efecto por el Ministro correspondiente, con el voto favorable de la mayoría de sus miembros.

c) Algún representante de una Comunidad Autónoma en la Conferencia Sectorial, así como un representante de la Ciudad de Ceuta y de la Ciudad Melilla, con el voto favorable de la mayoría de sus miembros.

d) El Ministro que presida la Conferencia Sectorial.

31. ¿Quién designa a la persona que ocupará la Secretaría de una Conferencia Sectorial?

a) El Presidente de la Conferencia Sectorial.

b) El Presidente del Gobierno, a propuesta del Presidente de la Conferencia Sectorial.

c) Los Presidentes de las CCAA y de las Ciudades de Ceuta y Melilla, de común acuerdo.

d) Los Presidentes de las CCAA o de las Ciudades de Ceuta y Melilla, a propuesta del Presidente de la Conferencia Sectorial.

32. La Conferencia de Presidentes está formada:

a) Por el Presidente del Gobierno, que la preside, los Presidentes de las CCAA y de las Ciudades de Ceuta y Melilla y dos representantes de las Entidades Locales.

b) Por el Presidente del Gobierno, que la preside, y por los Presidentes de las CCAA y de las Ciudades de Ceuta y Melilla.

c) Un miembro del Gobierno en representación de la Administración General del Estado, que presidirá la conferencia, y los correspondientes miembros de los Consejos de Gobierno, en representación de las CCAA y de las Ciudades de Ceuta y Melilla.

d) Por los Presidentes de las CCAA y de las Ciudades de Ceuta y Melilla y los Alcaldes de las grandes ciudades.

Solución al test n.º 12

1. c) Dirigir y coordinar la protección civil en el ámbito de la provincia.

2. d) Proponer al Ministerio para la Transformación Digital y de la Función Pública medidas para incluir en los planes de recursos humanos de la Administración General del Estado.

3. b) Subsecretario.

4. c) Real Decreto del Consejo de Ministros, a propuesta del titular del Ministerio o del Presidente del Gobierno.

5. b) Un órgano de cooperación, que reúnen, por un número igual de representantes, a miembros del Gobierno, en representación de la Administración General del Estado, y miembros del Consejo de Gobierno de la CCAA o representantes de la Ciudad de Ceuta o de la Ciudad de Melilla.

6. d) La coherencia de las actuaciones de las diferentes AAPP afectadas por una misma materia para la consecución de un resultado común, cuando así lo prevé la CE y el resto del ordenamiento jurídico.

7. b) En lo no previsto en el Título III de la LRJSP, por la legislación básica en materia de régimen local.

8. b) Las AAPP compartirán el uso de recursos comunes, salvo que no resulte posible o se justifique en términos de su mejor aprovechamiento.

9. d) Respetar el ejercicio legítimo por las otras Administraciones de sus competencias.

10. b) La creación y mantenimiento de sistemas integrados de información administrativa con el fin de disponer de datos actualizados, completos y permanentes referentes a los diferentes ámbitos de actividad administrativa en todo el territorio nacional.

11. c) Un órgano de cooperación, de composición multilateral y ámbito sectorial determinado, que reúne, como Presidente, al miembro del Gobierno que, en representación de la Administración General del Estado, resulte competente por razón de la materia, y a los correspondientes miembros de los Consejos de Gobierno, en representación de las CCAA y de las Ciudades de Ceuta y Melilla.

12. a) Al Ministro que presida la Conferencia Sectorial, que acordará la convocatoria de las reuniones por iniciativa propia, al menos una vez al año, o cuando lo soliciten, al menos, la tercera parte de sus miembros.

13. a) Lealtad institucional; Adecuación al orden de distribución de competencias establecido; Colaboración; Cooperación; Coordinación; Eficiencia en la gestión de los recursos públicos; Responsabilidad de cada Administración Pública en el cumplimiento de sus obligaciones y compromisos; Garantía e igualdad en el ejercicio de los derechos de todos los ciudadanos en sus relaciones con las diferentes Administraciones; Solidaridad interterritorial de acuerdo con la CE.

14. a) El mismo que el establecido para las Conferencias Sectoriales, en los arts. 149 y 150 de la LRJSP.

15. b) El deber de asistencia y auxilio, para atender las solicitudes formuladas por otras Administraciones para el mejor ejercicio de sus competencias, en especial cuando los efectos de su actividad administrativa se extiendan fuera de su ámbito territorial.

16. b) El art. 145 de la LRJSP.

17. b) La participación en órganos consultivos de otras AAPP.

18. b) La deliberación de asuntos y la adopción de acuerdos de interés para el Estado y las CCAA.

19. d) El miembro del Gobierno que, en representación de la Administración General del Estado, resulte competente por razón de la materia, y que actuará como Presidente, y los correspondientes miembros de los Consejos de Gobierno, en representación de las CCAA y de las Ciudades de Ceuta y Melilla.

20. c) Las Conferencias Sectoriales.

21. b) La Comisión Sectorial de una Conferencia Sectorial.

22. c) Funciones de consulta y adopción de acuerdos que tengan por objeto la mejora de la coordinación entre las respectivas Administraciones en asuntos que afecten de forma singular a la Comunidad Autónoma, a la Ciudad de Ceuta o a la Ciudad de Melilla.

23. d) Al servicio del interés general y podrán acordar de manera voluntaria la forma de ejercer sus respectivas competencias que mejor sirva a este principio.

24. d) Un órgano de cooperación multilateral entre el Gobierno de la Nación y los respectivos Gobiernos de las CCAA.

25. c) Acuerdo o Recomendación.

26. c) El seguimiento y evaluación de los Grupos de trabajo constituidos por la Conferencia Sectorial.

27. a) Por sus miembros.

28. b) Acuerdos y serán de obligado cumplimiento, cuando así se prevea expresamente, para las dos Administraciones que lo suscriban y en ese caso serán exigibles conforme a lo establecido en la Ley 29/1998, de 13 de julio, reguladora de la Jurisdicción Contencioso-administrativa.

29. d) Preparar las reuniones de la Conferencia Sectorial, para lo que tratará los asuntos incluidos en el orden del día de la convocatoria.

30. a) El director del Grupo de trabajo, que será un representante de la Administración General del Estado, con el voto favorable de la mayoría de sus miembros.

31. a) El Presidente de la Conferencia Sectorial.

32. b) Por el Presidente del Gobierno, que la preside, y por los Presidentes de las CCAA y de las Ciudades de Ceuta y Melilla.

TEST N.º 13

Real Decreto Legislativo 5/2015, de 30 de octubre, por el que se aprueba el texto refundido de la Ley del Estatuto Básico del Empleado Público (I): Título I. Objeto y ámbito de aplicación. Título II. Personal al servicio de las Administraciones Públicas. Título III. Derechos y deberes. Código de conducta de los empleados públicos: Derechos de los empleados públicos; Derechos retributivos; Derecho a la jornada de trabajo, permisos y vacaciones; Deberes de los empleados públicos. Código de Conducta

1. ¿De qué forma se aprobó la vigente Ley del Estatuto Básico del Empleado Público?

a) Por una Ley Orgánica.
b) Mediante un Texto Refundido.
c) Mediante una Ley de Bases.
d) Por un Real Decreto-Ley.

2. El empleo en el sector público se caracteriza por estar configurado por un modelo:

a) Unitario de personal funcionario.
b) Unitario de personal estatutario.
c) Dual de regímenes jurídicos, personal funcionario y personal laboral.
d) De tres regímenes jurídicos, personal funcionario, personal laboral y personal de designación.

3. El EBEP contiene:

a) Aquello que es común al conjunto de los empleados públicos de todas las Administraciones Públicas.
b) Las normas legales específicas aplicables a los empleados públicos de todas las Administraciones Públicas.
c) Aquello que es común al conjunto de los funcionarios de todas las Administraciones Públicas, más las normas legales específicas aplicables al personal laboral a su servicio.
d) Aquello que es común al conjunto del personal laboral de todas las Administraciones Públicas, más las normas legales específicas aplicables al personal funcionario a su servicio.

4. Según su artículo 1.1, es objeto del EBEP establecer las .... del régimen estatutario de los funcionarios públicos incluidos en su ámbito de aplicación. Señalar la palabra que falta en la anterior frase:

a) Peculiaridades.
b) Especialidades.
c) Excepciones.
d) Bases.

5. Para todo el personal de las Administraciones Públicas no incluido en su ámbito de aplicación, el EBEP tendrá carácter:

a) Consultivo.
b) Voluntario.
c) Supletorio.
d) Interpretativo.

6. Las disposiciones del EBEP sólo se aplicarán directamente cuando así lo disponga su legislación específica al siguiente personal:

a) El personal funcionario de las entidades locales.
b) El personal estatutario de los Servicios de Salud.
c) Personal de las Fuerzas y Cuerpos de Seguridad.
d) El personal docente.

7. Es un principio de actuación del EBEP:

a) La jerarquía en la atribución, ordenación y desempeño de las funciones y tareas.
b) La negociación en la atribución, ordenación y desempeño de las funciones y tareas.
c) La participación en la atribución, ordenación y desempeño de las funciones y tareas.
d) La promoción en la atribución, ordenación y desempeño de las funciones y tareas.

8. El artículo 8 del Texto Refundido de la Ley del Estatuto Básico del Empleado Público, aprobado por el Real Decreto Legislativo 5/2015, de 30 de octubre, define como aquellos quienes desempeñan funciones retribuidas en las Administraciones Públicas al servicio de los intereses generales:

a) A los Funcionarios públicos.
b) A los Empleados públicos.
c) Al Personal laboral de las Administraciones Públicas.
d) Al personal estatutario.

9. Corresponden en exclusiva a los funcionarios públicos, en los términos que en la ley de desarrollo de cada Administración Pública se establezca, el ejercicio de las siguientes funciones:

a) Las que impliquen la participación directa o indirecta en el ejercicio de las potestades públicas.

b) Las de naturaleza no permanente y aquéllas actividades que se dirijan a satisfacer necesidades de carácter periódico y discontinuo.

c) Las que sean propias de oficios, así como las de vigilancia, custodia, porteo y otras análogas.

d) Las correspondientes a áreas de actividades que requieran conocimientos técnicos especializados.

10. Pueden nombrarse funcionarios interinos para la ejecución de programas de carácter temporal, que no podrán tener una duración:

a) Inferior a 12 meses ni superior a 3 años.

b) Inferior a 3 años.

c) Superior a 3 años, ampliables hasta 12 meses más por las leyes de Función Pública que se dicten en desarrollo del EBEP.

d) Superior a 12 meses, prorrogables hasta 3 meses más.

11. En relación con el personal eventual, es cierto que:

a) Será retribuido con cargo a los créditos presupuestarios consignados para el personal funcionario.

b) La condición de personal eventual constituirá mérito en la fase de concurso para el acceso a la Función Pública.

c) Su cese tendrá lugar, en todo caso, cuando se produzca el de la autoridad a la que se preste la función de confianza o asesoramiento.

d) La condición de personal eventual computará como mérito para la promoción interna.

12. Señala la respuesta incorrecta. La designación de personal directivo:

a) Atenderá a principios de mérito y capacidad.

b) Se llevará a cabo mediante procedimientos que garanticen la publicidad y concurrencia.

c) Supone la adquisición de la condición de personal eventual.

d) Atenderá a criterios de idoneidad.

13. A tenor del artículo 14 del EBEP los empleados públicos tienen derecho:

a) A la inamovilidad en la condición de funcionario de carrera.

b) A la formación continua y a la actualización permanente de sus conocimientos y capacidades profesionales, preferentemente fuera del horario laboral.

c) A la libertad de expresión, sin restricción alguna.

d) A participar en la consecución de los objetivos atribuidos a la unidad donde preste sus servicios y a ser consultado por sus superiores por las tareas a desarrollar.

14. Los empleados públicos tienen derecho a la libertad de expresión:

a) En los términos que establezca una ley.

b) En los términos que se establezcan reglamentariamente.

c) A través de sus representantes sindicales.

d) Dentro de los límites del ordenamiento jurídico.

15. En relación al sistema retributivo de los empleados públicos, es cierto, según el EBEP, que:

a) Podrán acordarse incrementos retributivos que globalmente supongan un incremento de la masa salarial superior a los límites fijados anualmente en la Ley de Presupuestos Generales del Estado para el personal.

b) Podrá percibirse participación en tributos o en cualquier otro ingreso de las Administraciones Públicas como contraprestación de cualquier servicio, participación o premio en multas impuestas, excepto cuando estuviesen normativamente atribuidas a los servicios.

c) Las cuantías de las retribuciones básicas y el incremento de las cuantías globales de las retribuciones complementarias de los funcionarios, así como el incremento de la masa salarial del personal laboral, deberán reflejarse para cada ejercicio presupuestario en la correspondiente ley de presupuestos.

d) Las Administraciones Públicas podrán destinar cantidades por encima del porcentaje de la masa salarial que se fije en las correspondientes Leyes de Presupuestos Generales del Estado a financiar aportaciones a planes de pensiones de empleo o contratos de seguro colectivos que incluyan la cobertura de la contingencia de jubilación, para el personal incluido en sus ámbitos, de acuerdo con lo establecido en la normativa reguladora de los Planes de Pensiones.

16. Las retribuciones de los funcionarios en prácticas:

a) Se corresponderán a las del sueldo del Subgrupo o Grupo, en el supuesto de que este no tenga Subgrupo, en que aspiren a ingresar.

b) No podrán superar las del sueldo del Subgrupo o Grupo, en el supuesto de que este no tenga Subgrupo, en que aspiren a ingresar.

c) Se determinarán de acuerdo con la legislación laboral, el convenio colectivo que sea aplicable y el contrato de trabajo.

d) Como mínimo, se corresponderán a las del sueldo del Subgrupo o Grupo, en el supuesto de que este no tenga Subgrupo, en que aspiren a ingresar.

17. La cuantía y estructura de las retribuciones complementarias de los funcionarios se establecerán por:

a) Ley estatal.

b) Las correspondientes leyes de cada Administración Pública.

c) Real Decreto del Consejo de Ministros.

d) Decreto del correspondiente Consejo de Gobierno de la Administración Autonómica.

18. ¿Cuál de las siguientes retribuciones complementarias corresponde al nivel del puesto que desempeñe el funcionario?

a) Complemento específico.

b) Complemento de destino.

c) Complemento de productividad.

d) Gratificación por servicios extraordinarios.

19. Según el artículo 48 del EBEP, los funcionarios públicos disponen de un permiso por fallecimiento de un familiar dentro del primer grado de consanguinidad o afinidad, cuando el suceso se produzca en distinta localidad, de:

a) 2 días hábiles.

b) 3 días hábiles.

c) 4 días hábiles.

d) 5 días hábiles.

20. Los funcionarios públicos tendrán un permiso por matrimonio de:

a) 10 días.

b) 15 días.

c) 20 días.

d) 30 días.

21. Según el EBEP, por nacimiento de hijos prematuros o que por cualquier otra causa deban permanecer hospitalizados a continuación del parto, la funcionaria o el funcionario tendrá derecho a ausentarse del trabajo durante:

a) Un máximo de 2 horas diarias percibiendo las retribuciones íntegras.

b) Al menos 2 horas diarias, con la disminución proporcional de sus retribuciones.

c) 1 hora diaria, percibiendo las retribuciones íntegras.

d) Un máximo de 1 hora diaria, con la disminución proporcional de sus retribuciones.

22. En el permiso de 16 semanas del progenitor diferente de la madre biológica por nacimiento, guarda con fines de adopción, acogimiento o adopción de un hijo o hija, serán en todo caso de descanso obligatorio:

a) Las seis semanas inmediatas posteriores al hecho causante.

b) Las tres semanas inmediatas posteriores al hecho causante.

c) Los quince días inmediatos posteriores al hecho causante.

d) Las cuatro semanas inmediatas posteriores al hecho causante.

23. Por accidente de un familiar de primer grado de consanguinidad o afinidad, los funcionarios públicos tendrán derecho a un permiso de:

a) 2 días hábiles.
b) 3 días hábiles.
c) 4 días hábiles.
d) 5 días hábiles.

24. Señala la opción incorrecta. Por razones de guarda legal, el funcionario tendrá derecho a la reducción de su jornada de trabajo, con la disminución de sus retribuciones que corresponda, cuando tenga el cuidado directo de:

a) Algún menor de doce años.
b) Hijo prematuro o que por cualquier causa deba permanecer hospitalizado a continuación del parto.
c) Persona con discapacidad que no desempeñe actividad retribuida.
d) Persona mayor que requiera especial dedicación.

25. Por acogimiento temporal de un menor discapacitado, el funcionario tendrá derecho a un permiso de una duración de:

a) Cuatro semanas.
b) Diez semanas.
c) Dieciséis semanas.
d) Dieciocho semanas.

26. Tal y como señala el artículo 50 del EBEP, los funcionarios públicos tendrán derecho a disfrutar, durante cada año natural, de unas vacaciones retribuidas de:

a) 1 mes.
b) 30 días naturales.
c) 22 días hábiles.
d) 30 días hábiles.

27. Según el artículo 47 del EBEP, la jornada de trabajo de los funcionarios públicos podrá ser:

a) Ordinaria o extraordinaria.
b) Continua o partida.
c) En turno de mañana, en turno de tarde o en turno de noche.
d) A tiempo completo o a tiempo parcial.

28. Los Empleados Públicos:

a) Podrán voluntariamente acatar la Constitución y el resto de normas que integran el ordenamiento jurídico.
b) Podrán abstenerse en aquellos asuntos en los que tengan un interés personal.

c) Su actuación perseguirá la satisfacción de los intereses del Gobierno.

d) Guardarán secreto de las materias clasificadas.

29. Según el artículo 53 del EBEP, es un principio del código ético de los emplea-dos públicos:

a) El desempeño de las tareas correspondientes a su puesto de trabajo se realizará de forma diligente y cumpliendo la jornada y el horario establecidos.

b) Honradez.

c) Respeto a la igualdad entre mujeres y hombres.

d) Ajustar su actuación a los principios de lealtad y buena fe con la Administración en la que presten sus servicios, y con sus superiores, compañeros, subordinados y con los ciudadanos.

30. Según el artículo 52 del EBEP, los empleados públicos deberán actuar con arreglo a una serie de principios, entre los que figura:

a) Productividad.

b) Eficiencia.

c) Ejemplaridad.

d) Compatibilidad.

Solución al test n.º 13

1. b) Mediante un Texto Refundido.

2. c) Dual de regímenes jurídicos, personal funcionario y personal laboral.

3. c) Aquello que es común al conjunto de los funcionarios de todas las Administraciones Públicas, más las normas legales específicas aplicables al personal laboral a su servicio.

4. d) Bases.

5. c) Supletorio.

6. c) Personal de las Fuerzas y Cuerpos de Seguridad.

7. a) La jerarquía en la atribución, ordenación y desempeño de las funciones y tareas.

8. b) A los Empleados públicos.

9. a) Las que impliquen la participación directa o indirecta en el ejercicio de las potestades públicas.

10. c) Superior a 3 años, ampliables hasta 12 meses más por las leyes de Función Pública que se dicten en desarrollo del EBEP.

11. c) Su cese tendrá lugar, en todo caso, cuando se produzca el de la autoridad a la que se preste la función de confianza o asesoramiento.

12. c) Supone la adquisición de la condición de personal eventual.

13. a) A la inamovilidad en la condición de funcionario de carrera.

14. d) Dentro de los límites del ordenamiento jurídico.

15. c) Las cuantías de las retribuciones básicas y el incremento de las cuantías globales de las retribuciones complementarias de los funcionarios, así como el incremento de la masa salarial del personal laboral, deberán reflejarse para cada ejercicio presupuestario en la correspondiente ley de presupuestos.

16. d) Como mínimo, se corresponderán a las del sueldo del Subgrupo o Grupo, en el supuesto de que este no tenga Subgrupo, en que aspiren a ingresar.

17. b) Las correspondientes leyes de cada Administración Pública.

18. b) Complemento de destino.

19. d) 5 días hábiles.

20. b) 15 días.

21. a) Un máximo de 2 horas diarias percibiendo las retribuciones íntegras.

22. a) Las seis semanas inmediatas posteriores al hecho causante.

23. d) 5 días hábiles.

24. b) Hijo prematuro o que por cualquier causa deba permanecer hospitalizado a continuación del parto.

25. d) Dieciocho semanas.

26. c) 22 días hábiles.

27. d) A tiempo completo o a tiempo parcial.

28. d) Guardarán secreto de las materias clasificadas.

29. d) Ajustar su actuación a los principios de lealtad y buena fe con la Administración en la que presten sus servicios, y con sus superiores, compañeros, subordinados y con los ciudadanos.

30. c) Ejemplaridad.

Ley del Estatuto Básico del Empleado Público (II): Título IV. Adquisición y pérdida de la relación de servicio. Título VI. Situaciones administrativas

1. Señala la opción incorrecta. El acceso al empleo público se efectuará de acuerdo con los principios constitucionales de:

a) Capacidad.
b) Mérito.
c) Igualdad.
d) Participación.

2. Los órganos de selección serán colegiados y su composición deberá ajustarse a los principios de:

a) Imparcialidad y profesionalidad de sus miembros.
b) Representatividad y homogeneidad.
c) Publicidad y transparencia.
d) Eficacia, participación y economía.

3. ¿Cuál de los siguientes no es un sistema de selección de personal laboral fijo en la Administración Pública?

a) Transferencia o cesión.
b) Oposición.
c) Concurso-oposición.
d) Concurso de valoración de méritos.

4. ¿Cuál es la edad mínima para poder participar en los procesos selectivos de acceso al empleo público?

a) 14 años.
b) 16 años.
c) 17 años.
d) 18 años.

5. Podrá/n formar parte de los órganos de selección:

a) El personal eventual.
b) Los funcionarios interinos.
c) El personal de designación política.
d) El personal laboral.

6. ¿Puede utilizarse el sistema de concurso de valoración de méritos para la selección de personal funcionario de carrera?

a) No, solo se permiten los sistemas de oposición y concurso-oposición.
b) Excepcionalmente, en virtud de ley.
c) Sí, es uno de los sistemas permitidos.
d) Únicamente para la consolidación de empleo.

7. Señala la opción incorrecta en relación con los órganos de selección:

a) La pertenencia a los órganos de selección será a título representativo, ya sea de la administración o de las organizaciones sindicales.
b) Los órganos de selección serán colegiados.
c) El personal de elección o de designación política, los funcionarios interinos y el personal eventual no podrán formar parte de los órganos de selección.
d) En la composición de los órganos de selección se tenderá a la paridad entre mujer y hombre.

8. ¿Pueden los órganos de selección proponer el acceso a la condición de funcionario de un número superior de aprobados al de plazas convocadas?

a) No, en ningún caso.
b) Sí, siempre que no sobrepasen el 10 % de las plazas convocadas, con objeto de cubrir posibles renuncias de los aspirantes seleccionados.
c) Sí, si así lo prevé la propia convocatoria.
d) Sí, a efectos de creación de listas de reserva.

9. Según el artículo 55.2 del EBEP, en la actuación de los órganos de selección se garantizará el cumplimiento del principio de independencia y:

a) Discreción técnica.
b) Imparcialidad.
c) Transparencia.
d) Agilidad.

10. La renuncia voluntaria a la condición de funcionario:

a) Inhabilita para ingresar de nuevo en la Administración Pública.
b) No requiere aceptación expresa por la Administración.

c) Será aceptada expresamente cuando el funcionario esté sujeto a expediente disciplinario o haya sido dictado en su contra auto de procesamiento o de apertura de juicio oral por la comisión de algún delito.

d) Debe ser manifestada por escrito.

11. Actualmente, la jubilación forzosa se declara de oficio al cumplir el funcionario:

a) Los 60 años de edad.
b) Los 65 años de edad.
c) Los 67 años de edad.
d) Los 70 años de edad.

12. El funcionario que haya perdido su condición por cambio de nacionalidad, si recupera la nacionalidad:

a) Volverá automáticamente al puesto de trabajo que ocupaba.
b) No podrá volver a ejercer como funcionario.
c) Podrá solicitar la rehabilitación.
d) Podrá acceder a la función pública superando un nuevo proceso selectivo.

13. La pena principal o accesoria, a un funcionario público, de inhabilitación absoluta cuando hubiere adquirido firmeza la sentencia que la imponga, produce:

a) La suspensión de todas sus funciones públicas.
b) La pérdida de la condición de funcionario respecto a todos los empleos o cargos que tuviere.
c) La pérdida de la condición de funcionario respecto a todos los empleos o cargos que tuviere, excepto los cargos electivos.
d) La excedencia forzosa.

14. ¿Supone la superación de las pruebas selectivas, por sí misma, la adquisición de la condición de funcionario de carrera?

a) No.
b) Sí, si así lo prevé la propia convocatoria.
c) Sí, si la lista definitiva de aprobados ha sido publicada en el correspondiente Diario Oficial.
d) Sí, si se trata del sistema de oposición.

15. Superado el proceso selectivo, para adquirir la condición de funcionario:

a) No es necesario acreditar que se reúnen los requisitos y condiciones exigidos en la convocatoria; ya que dichas acreditaciones son previas a la superación del proceso selectivo.

b) Solo queda el nombramiento por parte del órgano o autoridad competente y tomar posesión del puesto.

c) Únicamente se precisa la acreditación de que se reúnen los requisitos y condiciones exigidos en la convocatoria para ser nombrado funcionario.

d) Debe acreditarse que se reúnen los requisitos y condiciones exigidos en la convocatoria; si no fuera así el nombramiento no surtiría efecto.

16. No es una causa de pérdida de la condición de funcionario:

a) La sanción disciplinaria de suspensión firme de funciones.

b) La pena principal o accesoria de inhabilitación absoluta o especial para cargo público que tuviere carácter firme.

c) La renuncia a la condición de funcionario.

d) La pérdida de la nacionalidad.

17. Será aceptada expresamente por la Administración la renuncia voluntaria a la condición de funcionario en el siguiente caso:

a) Cuando el funcionario esté sujeto a expediente disciplinario.

b) Cuando contra el funcionario haya sido dictado auto de procesamiento por la comisión de algún delito.

c) Cuando el funcionario se encuentre en la situación de excedencia forzosa.

d) Cuando contra el funcionario haya sido dictado auto de apertura de juicio oral por la comisión de algún delito.

18. ¿Pueden los órganos de gobierno de las Administraciones Públicas conceder la rehabilitación de quien hubiera perdido la condición de funcionario por haber sido condenado a la pena principal o accesoria de inhabilitación?

a) No, en ningún caso.

b) Excepcionalmente, atendiendo a las circunstancias y entidad del delito cometido.

c) Solo cuando se trate de una inhabilitación provisional.

d) Sí, cuando la inhabilitación se tratara de una pena accesoria.

19. Según el artículo 59 del EBEP, en las ofertas de empleo público se reservará un cupo de plazas para ser cubiertas entre personas con discapacidad, no inferior al siguiente porcentaje:

a) 2% de las vacantes.

b) 3% de las vacantes.

c) 5% de las vacantes.

d) 7% de las vacantes.

20. Según el artículo 56 del EBEP, ¿puede establecerse otra edad máxima, distinta de la edad de jubilación forzosa, para el acceso al empleo público?

a) No, en ningún caso.
b) Sí, si así lo establece una ley.
c) Sólo para el acceso a empleos que requieran ciertas aptitudes físicas.
d) Sólo para el personal laboral.

21. Cuando adquieran la condición de funcionarios al servicio de organizaciones internacionales, los funcionarios de carrera serán declarados en situación de:

a) Excedencia.
b) Servicios especiales.
c) Servicio en otras Administraciones Públicas.
d) Servicio activo.

22. Cuando finalizada la causa que determinó el pase a una situación distinta a la de servicio activo se incumpla la obligación de solicitar el reingreso al servicio activo en el plazo en que se determine reglamentariamente:

a) El interesado perderá la condición de funcionario.
b) Procederá declarar de oficio la excedencia voluntaria por interés particular.
c) Procederá declarar de oficio la suspensión de funciones.
d) Se entenderá que renuncia a la condición de funcionario.

23. En relación con la excedencia voluntaria por razones de interés particular, de los funcionarios de carrera, es cierto que:

a) Les será computable el tiempo que permanezcan en tal situación a efectos de derechos en el régimen de Seguridad Social que les sea de aplicación.
b) Podrá declararse cuando al funcionario público se le instruya expediente disciplinario.
c) La concesión de excedencia voluntaria por interés particular quedará subordinada a las necesidades del servicio debidamente motivadas.
d) Su duración no podrá ser superior a tres años.

24. En relación con la excedencia por cuidado de familiares, es cierto que:

a) En el caso de que dos funcionarios generasen el derecho a disfrutarla por el mismo sujeto causante, no se les podrá limitar el uso íntegro y simultáneo de la misma.
b) El tiempo de permanencia en esta situación no será computable a efectos de trienios, carrera y derechos en el régimen de Seguridad Social que sea de aplicación.
c) Los funcionarios en esta situación no podrán participar en los cursos de formación que convoque la Administración.
d) El período de excedencia será único por cada sujeto causante. Cuando un nuevo sujeto causante diera origen a una nueva excedencia, el inicio del período de la misma pondrá fin al que se viniera disfrutando.

25. La funcionaria en excedencia por violencia de género tendrá derecho a percibir las retribuciones íntegras y, en su caso, las prestaciones familiares por hijo a cargo:

a) Durante los dos primeros meses de esta excedencia.

b) Durante los seis primeros meses.

c) Durante un año.

d) Durante todo el tiempo que permanezca en esta situación.

Solución al test n.º 14

1. d) Participación.

2. a) Imparcialidad y profesionalidad de sus miembros.

3. a) Transferencia o cesión.

4. b) 16 años.

5. d) El personal laboral.

6. b) Excepcionalmente, en virtud de ley.

7. a) La pertenencia a los órganos de selección será a título representativo, ya sea de la administración o de las organizaciones sindicales.

8. c) Sí, si así lo prevé la propia convocatoria.

9. a) Discreción técnica.

10. d) Debe ser manifestada por escrito.

11. b) Los 65 años de edad.

12. c) Podrá solicitar la rehabilitación.

13. b) La pérdida de la condición de funcionario respecto a todos los empleos o cargos que tuviere.

14. a) No.

15. d) Debe acreditarse que se reúnen los requisitos y condiciones exigidos en la convocatoria; si no fuera así el nombramiento no surtiría efecto.

16. a) La sanción disciplinaria de suspensión firme de funciones.

17. c) Cuando el funcionario se encuentre en la situación de excedencia forzosa.

18. b) Excepcionalmente, atendiendo a las circunstancias y entidad del delito cometido.

19. d) 7% de las vacantes.

20. b) Sí, si así lo establece una ley.

21. b) Servicios especiales.

22. b) Procederá declarar de oficio la excedencia voluntaria por interés particular.

23. c) La concesión de excedencia voluntaria por interés particular quedará subordinada a las necesidades del servicio debidamente motivadas.

24. d) El período de excedencia será único por cada sujeto causante. Cuando un nuevo sujeto causante diera origen a una nueva excedencia, el inicio del período de la misma pondrá fin al que se viniera disfrutando.

25. a) Durante los dos primeros meses de esta excedencia.

TEST N.º 15

Real Decreto Legislativo 2/2004, de 5 de marzo, por el que se aprueba el texto refundido de la Ley Reguladora de las Haciendas Locales (I): Título Preliminar. Título I. Recursos de las Haciendas Locales: Enumeración; Ingresos de Derecho privado; Tributos

1. Las Entidades locales podrán establecer tasas por el siguiente supuesto de utilización privativa o aprovechamiento especial del dominio público local:

a) Otorgamiento de licencias.
b) Autorización para utilizar en placas el escudo de la Entidad local.
c) Guardería rural.
d) Entradas de vehículos a través de las aceras.

2. Las Entidades locales podrán establecer tasas por prestación de servicios o de realización de actividades administrativas de competencia local en el siguiente supuesto:

a) Recogida de residuos sólidos urbanos.
b) Portadas, escaparates y vitrinas.
c) Instalación de quioscos en la vía pública.
d) Instalación de puestos y casetas de venta.

3. No podrán exigirse tasas por el servicio siguiente:

a) Servicios de alcantarillado.
b) Celebración de los matrimonios en forma civil.
c) Limpieza de la vía pública.
d) Inspección de vehículos.

4. El importe de las tasas por la prestación de un servicio:

a) No podrá exceder del coste real del servicio.
b) No podrá exceder del coste previsible del servicio.
c) No podrá exceder, en cualquier caso, del valor de la prestación recibida.
d) Todas las respuestas son correctas.

5. Las tasas podrán devengarse:

a) Cuando se presente la solicitud que de por finalizada la actuación.
b) Cuando se inicie el uso privativo.
c) Cuando finalice la prestación del servicio.
d) Cuando termine el aprovechamiento especial.

6. En las contribuciones especiales no se considerará sujeto pasivo en su condición de persona especialmente beneficiada por la realización de las obras o por el establecimiento o ampliación de los servicios locales:

a) En las contribuciones especiales por el establecimiento de los servicios de extinción de incendios el Servicio municipal de Protección contra Incendios.
b) En las contribuciones especiales por construcción de galerías subterráneas, las empresas suministradoras que deban utilizarlas.
c) En las contribuciones especiales por el establecimiento de los servicios de extinción de incendios las compañías de seguros que desarrollen su actividad en el ramo, en el término municipal correspondiente.
d) En las contribuciones especiales por realización de obras que afecten a bienes inmuebles, sus propietarios.

7. Respecto a las contribuciones especiales no integra el coste que la Entidad Local soporte por la realización de las obras o por el establecimiento o ampliación de los servicios:

a) El importe de las obras a realizar.
b) El coste de la publicidad de las obras.
c) El coste real de los trabajos periciales.
d) Las indemnizaciones procedentes por el derribo de construcciones.

8. Respecto a las contribuciones especiales, el acuerdo de ordenación:

a) Podrá no dictarse.
b) Será de inexcusable adopción.
c) Es ejecutivo.
d) Ha de publicarse en el BOE.

9. No se puede exigir Tasas:

a) Por la expedición de una Licencia de Obras.
b) Por la vigilancia pública en general.
c) Por prestación de un servicio de recepción obligatoria.
d) En ninguno de los supuestos anteriores.

10. Tienen la condición de sustitutos del contribuyente en las Tasas por prestación del Servicio de Extinción de Incendios el/las:

a) Propietario del inmueble incendiado.
b) Inquilino del mismo.
c) Entidades o sociedades aseguradoras del riesgo.
d) Cualquiera de los anteriores.

11. En las Tasas por razón de servicios que beneficien a los ocupantes de viviendas o locales, los propietarios de dichos inmuebles:

a) Pueden repercutirlas sobre los mismos.
b) Han de pagarlas proporcionalmente con ellos.
c) Son los únicos responsables de su pago.
d) Son los directamente responsables, actuando dichos ocupantes como sustitutos suyos.

12. Un factor que se puede tener en cuenta al determinar la cuantía de las Tasas es:

a) Genéricamente, la capacidad económica de los sujetos obligados.
b) Individualmente, dicha capacidad económica.
c) El coste del servicio, excluidos los gastos de carácter financiero.
d) La inclusión en ella de los gastos financieros sufragados por Contribuciones Especiales.

13. En las Contribuciones Especiales por construcción de galerías subterráneas se consideran especialmente beneficiadas a efectos de la exigencia de las mismas los/las:

a) Propietarios de los edificios bajo cuyo suelo se ubiquen.
b) Empresas aseguradoras.
c) Empresas suministradoras que deban utilizarlas.
d) Consumidores finales de los servicios de que se trate.

14. El fraccionamiento en el pago de las Contribuciones Especiales:

a) No está permitido.
b) Es obligatorio para la Corporación.
c) No debe exceder de cinco años.
d) No excederá de diez años.

15. La colaboración ciudadana en materia de Contribuciones Especiales está prevista a través de:

a) Asociaciones administrativas de consumidores.
b) Asociaciones administrativas de contribuyentes.
c) Organizaciones de empresas favorecidas por los servicios.
d) Cualquiera de las tres formas anteriores.

16. La obtención por el sujeto pasivo de un beneficio o de un aumento de valor de sus bienes como consecuencia de la realización de obras públicas o del establecimiento o ampliación de servicios públicos, de carácter local, por las Entidades respectivas, constituye el hecho imponible de:

a) Las Tasas.
b) Los Precios Públicos.
c) Las Contribuciones especiales.
d) Los Impuestos.

17. La fijación de los precios públicos puede delegarse, en un Municipio de régimen común, por el:

a) Alcalde en el Pleno.
b) Pleno en la Junta de Gobierno Local.
c) Pleno en el Alcalde.
d) Pleno en una empresa.

18. Señale cuál de los siguientes no es un recurso de las hacienda de las entidades locales, según el artículo 2 del TR-LRHL:

a) Las subvenciones.
b) El producto de las operaciones de crédito.
c) Las participaciones en los tributos de otras Entidades Locales.
d) El producto de las multas y sanciones en el ámbito de sus competencias.

19. Las prestaciones patrimoniales que establezcan las Entidades locales por la utilización privativa o el aprovechamiento especial del dominio público local, se consideran:

a) Impuestos.
b) Tasas.
c) Precios públicos.
d) Contribuciones especiales.

20. La obtención por el sujeto pasivo de un beneficio o de un aumento de valor de sus bienes como consecuencia de la realización de obras públicas o del establecimiento o ampliación de servicios públicos, de carácter local, por las Entidades respectivas, constituye el hecho imponible de:

a) Las tasas.
b) Los precios públicos.
c) El Impuesto sobre el Incremento de Valor de Bienes Inmuebles.
d) Las contribuciones especiales.

Solución al test n.º 15

1. d) Entradas de vehículos a través de las aceras.

2. a) Recogida de residuos sólidos urbanos.

3. c) Limpieza de la vía pública.

4. d) Todas las respuestas son correctas .

5. b) Cuando se inicie el uso privativo.

6. a) En las contribuciones especiales por el establecimiento de los servicios de extinción de incendios el Servicio municipal de Protección contra Incendios.

7. b) El coste de la publicidad de las obras.

8. b) Será de inexcusable adopción.

9. b) Por la vigilancia pública en general.

10. c) Entidades o sociedades aseguradoras del riesgo.

11. a) Pueden repercutirlas sobre los mismos.

12. a) Genéricamente, la capacidad económica de los sujetos obligados.

13. c) Empresas suministradoras que deban utilizarlas.

14. c) No debe exceder de cinco años.

15. b) Asociaciones administrativas de contribuyentes.

16. c) Las Contribuciones especiales.

17. b) Pleno en la Junta de Gobierno Local.

18. c) Las participaciones en los tributos de otras Entidades Locales.

19. b) Tasas.

20. d) Las contribuciones especiales.

TEST N.º 16

Ley Reguladora de las Haciendas Locales (II): Título VI. Presupuesto y gasto público: De los presupuestos

1. Los Presupuestos Generales de las Entidades Locales constituyen de acuerdo con el Texto Refundido de la Ley Reguladora de las Haciendas Locales:

a) La expresión de las obligaciones que, como máximo, pueden reconocer la Entidad y sus Organismos Autónomos.
b) La expresión cifrada, conjunta y sistemática de las obligaciones que, como máximo, pueden reconocer la Entidad y sus Organismos Autónomos.
c) La expresión cifrada, general y sistemática de las obligaciones que, como máximo, pueden reconocer la Entidad y sus Organismos Autónomos.
d) La expresión contable, conjunta y sistemática de las obligaciones que, como máximo, pueden reconocer la Entidad y sus Organismos Autónomos.

2. Las Entidades Locales elaborarán y aprobarán anualmente un Presupuesto General en el que se integrarán:

a) El Presupuesto de los organismos autónomos dependientes.
b) Los estados de previsión de gastos e ingresos de las Sociedades Mercantiles cuyo capital social pertenezca íntegramente a la Entidad Local.
c) Las respuestas a) y b) son correctas.
d) El presupuesto agregado de la propia Entidad.

3. El contenido mínimo de las Bases de Ejecución del Presupuesto deberá incluir:

a) Normas que regulen el procedimiento de ejecución del Presupuesto.
b) Regulación de las transferencias de créditos.
c) Niveles de vinculación jurídica de los créditos.
d) Todas respuestas son correctas.

4. ¿Qué norma regula la estructura de los Presupuestos de las Entidades Locales?

a) Orden EHA/3565/2006, de 3 de diciembre, por la que se aprueba la estructura de los Presupuestos de las Entidades Locales de los bienes de uso privado.

b) Orden EHA/3565/2008, de 3 de diciembre, por la que se aprueba la estructura de los Presupuestos de las Entidades Locales.

c) Orden de 20 de septiembre de 1989 por la que se establece la estructura de los presupuestos de las entidades locales.

d) Orden EHA/3565/2005, de diciembre, por la que se aprueba la estructura de los presupuestos de las entidades locales.

5. Dentro de las áreas de gasto del presupuesto, se incluye en el área de gasto 2 referente a Actuaciones de protección y promoción social:

a) Seguridad y movilidad ciudadana.
b) Pensiones.
c) Cultura.
d) Agricultura, ganadería y pesca.

6. ¿En qué área de gasto se incluye la política de gasto denominada "Infraestructuras"?

a) Actuaciones de carácter económico.
b) Actuaciones de carácter general.
c) Producción de bienes públicos de carácter preferente.
d) Deuda pública.

7. ¿En qué área de gasto se incluye la política de gasto denominada "Administración financiera y tributaria"?

a) Actuaciones de carácter general.
b) Actuaciones de carácter económico.
c) Actuaciones de protección y promoción social.
d) Producción de bienes públicos de carácter preferente.

8. ¿En qué área de gasto se incluye la política de gasto denominada "Sanidad"?

a) Producción de bienes públicos de carácter preferente.
b) Actuaciones de protección y promoción social.
c) Servicios públicos básicos.
d) Actuaciones de carácter general.

9. ¿En qué área de gasto se incluye la política de gasto denominada "Fomento del empleo"?

a) Servicios públicos básicos.
b) Actuaciones de protección y promoción social.
c) Actuaciones de carácter económico.
d) Actuaciones de carácter general.

10. En relación con la Clasificación Económica de los Gastos del Presupuesto de las Entidades Locales se distingue entre:

a) Operaciones abiertas y cerradas.
b) Operaciones limitadas y no limitadas.
c) Operaciones financieras y no financieras.
d) Operaciones a préstamo y liberadas.

11. El Fondo de Contingencia tiene como fin:

a) Atender al abono de los intereses de las operaciones de crédito.
b) Hacer frente a los gastos de contratación del personal laboral.
c) Completar aquellas aplicaciones presupuestarias que necesiten ser ampliadas.
d) Atender a las necesidades imprevistas, inaplazables y no discrecionales, para las que no exista crédito presupuestario o el previsto resulte insuficiente.

12. El Fondo de Contingencia y Otros Imprevistos se ha de incluir obligatoriamente en los Presupuestos:

a) De los municipios con población superior a 5.000 habitantes.
b) De las capitales de provincia.
c) De los municipios con población superior a 15.000 habitantes.
d) De los municipios con población superior a 25.000 habitantes.

13. Respecto a la Clasificación Económica de los Gastos del Presupuesto de las Entidades Locales, dentro del capítulo 1: Gastos de personal, se encuentra el gasto siguiente:

a) Gastos de naturaleza social.
b) Cotizaciones obligatorias de las entidades locales y de sus organismos autónomos a los distintos regímenes de Seguridad Social.
c) Retribuciones fijas y variables.
d) Todas las respuestas son verdaderas.

14. En relación con la Clasificación Económica de los Ingresos del Presupuesto de las Entidades Locales:

a) Se distinguen las operaciones no financieras de las financieras, subdividiéndose las segundas en operaciones corrientes y de capital.
b) Se distinguen las operaciones no financieras de las financieras, subdividiéndose las primeras en operaciones corrientes y de capital.
c) Se distinguen las operaciones no financieras, operaciones corrientes y de capital.
d) Se distinguen las operaciones no financieras de las financieras y de capital.

15. En relación con la Clasificación Económica de los Ingresos del Presupuesto de las Entidades Locales no forman parte de las operaciones corrientes:

a) Impuestos directos.
b) Transferencias de capital.
c) Tasas, precios públicos y otros ingresos.
d) Ingresos patrimoniales.

16. Dentro de los Pasivos Financieros se recoge:

a) El ingreso que obtienen las entidades locales y sus organismos autónomos por la enajenación de activos financieros.
b) La financiación de las entidades locales y sus organismos autónomos procedente de la emisión de Deuda Pública.
c) Las dos respuestas anteriores son correctas.
d) Ninguna respuesta es correcta.

17. ¿Quién forma el presupuesto de la Entidad Local?

a) El Presidente de la entidad.
b) El Interventor.
c) El Secretario.
d) El Tesorero.

18. Deberán unirse al presupuesto como documentación:

a) Anexo de las inversiones a realizar en un plazo de cuatro años.
b) Anexo de personal de la Entidad Local.
c) Liquidación de los presupuestos de ejercicios anteriores.
d) Todas las respuestas son verdaderas.

19. Aprobado inicialmente el presupuesto general, se expondrá al público, previo anuncio en el boletín oficial de la provincia o, en su caso, de la comunidad autónoma uniprovincial:

a) Por quince días.
b) Por treinta días.
c) Por veinte días.
d) Por cuarenta días.

20. El presupuesto se considerará definitivamente aprobado si durante el plazo de alegaciones:

a) No se hubiesen presentado reclamaciones.
b) Se hubieran presentado reclamaciones con falta de motivación.

c) Se hubieran presentado reclamaciones infundadas.

d) Se hubieran presentado reclamaciones extemporáneas o basadas en datos irreales.

21. Únicamente podrán entablarse reclamaciones contra el Presupuesto:

a) Por ser de manifiesta insuficiencia los ingresos con relación a los gastos.

b) Por no haberse ajustado su elaboración a los trámites legalmente establecidos al efecto.

c) Por no haberse ajustado su aprobación a los trámites legalmente establecidos al efecto.

d) Todas las respuestas son válidas.

22. Si al iniciarse el ejercicio económico no hubiese entrado en vigor el presupuesto correspondiente:

a) Se iniciará de nuevo todo el procedimiento de aprobación.

b) Dará lugar a una cuestión de confianza.

c) Se considerará automáticamente prorrogado el del anterior, con sus créditos iniciales.

d) Se adoptará una moción de censura.

23. Los Créditos extraordinarios son:

a) Aquellas modificaciones del Presupuesto de Gastos en los que el crédito previsto resulta insuficiente y no puede ser objeto de ampliación.

b) Aquella modificación del Presupuesto de gastos mediante la que, sin alterar la cuantía total del mismo, se imputa el importe total o parcial de un crédito a otras partidas presupuestarias con diferente vinculación jurídica.

c) Aquellas modificaciones del Presupuesto de Gastos, mediante las que se asigna crédito para la realización de un gasto específico y determinado que no puede demorarse hasta el ejercicio siguiente y para el que no existe crédito.

d) La incorporación de remanentes de crédito de ejercicio anterior.

24. Los créditos extraordinarios y los suplementos de crédito se podrán financiar indistintamente con el siguiente recurso:

a) Con cargo al Remanente Líquido de Tesorería.

b) Mediante anulaciones o bajas de créditos.

c) Las respuestas a y b son correctas.

d) Mediante la venta de bienes patrimoniales de la entidad local.

25. La aprobación de las transferencias de crédito entre distintos grupos de función será competencia:

a) Del órgano que señale las Bases de ejecución del presupuesto.

b) Del Pleno de la Corporación, salvo cuando las bajas y las altas afecten a créditos de personal.

c) Del Presidente de la entidad.
d) Las respuestas b) y c) son correctas.

26. Las transferencias de crédito de cualquier clase estarán sujetas a las siguientes limitaciones:

a) No afectarán a los créditos ampliables.
b) No afectarán a suplementos de crédito concedidos durante el ejercicio.
c) Solo podrán incrementar créditos en un cincuenta por ciento.
d) Las respuestas a) y c) son correctas.

27. Como consecuencia de la liquidación del presupuesto no deberá determinarse:

a) Los remanentes de los presupuestos de los cinco ejercicios anteriores.
b) Los derechos pendientes de cobro y las obligaciones pendientes de pago a 31 de diciembre.
c) El resultado presupuestario del ejercicio.
d) El remanente de Tesorería.

28. A la propuesta de los expedientes de concesión de créditos extraordinarios y suplementos de créditos se habrá de acompañar:

a) Una Memoria justificativa.
b) El estado de ingresos de la entidad.
c) El estado de gastos de la entidad.
d) Las respuestas b) y c) son correctas.

29. Contra la aprobación definitiva del Presupuesto podrá:

a) Interponerse directamente recurso contencioso-administrativo.
b) Interponerse directamente recurso ante el Tribunal de Cuentas.
c) Interponerse recurso de alzada ante el Pleno.
d) Ninguna respuesta es correcta.

30. Tendrán la consideración de interesados para presentar reclamaciones ante la aprobación inicial del presupuesto:

a) Las Cámaras Oficiales.
b) Los Sindicatos.
c) Cualquier ciudadano.
d) Las respuestas a) y b) son correctas.

31. El Presupuesto, con respecto a los gastos, es un/una:

a) Previsión.
b) Límite mínimo.

c) Límite cuantitativo.
d) Cálculo aproximado.

32. Las obligaciones reconocidas y los derechos liquidados se aplicarán a los Presupuestos:

a) Por su importe íntegro.
b) En ningún supuesto.
c) Minorándose.
d) Nada de lo anterior es cierto.

33. Las reglas que deben seguirse en la ejecución del Presupuesto se contienen en la/las/los:

a) Memoria del mismo.
b) Delegaciones de gastos.
c) Bases de Ejecución.
d) Estudios Financieros.

34. A la obligación de la Entidad de destinar los créditos al fin específico que se detalle en la plasmación escrita del Presupuesto, sin poder realizar cambios o traslados de los mismos a otros fines no recogidos en el nivel de que se trate se le denomina:

a) Regulación de las transferencias de créditos.
b) Acumulación de varias fases de la ejecución del Presupuesto.
c) Niveles de vinculación jurídica de los créditos.
d) Disponibilidad presupuestaria.

35. Debe acompañarse como Anexo al Presupuesto General de una Corporación el/los:

a) Presupuestos de los Organismos Autónomos dependientes de la misma.
b) Estados de previsión de gastos e ingresos de las Sociedades Mercantiles de capital íntegro de la Entidad.
c) Estado de consolidación del Presupuesto de la propia Entidad con el de todos los Presupuestos y estados de previsión de sus Organismos Autónomos y Sociedades Mercantiles.
d) Las respuestas a) y b) son ciertas.

36. Asimismo, debe unirse como Anexo el/los:

a) Niveles de vinculación jurídica de los créditos.
b) Presupuesto de los Organismos Autónomos dependientes de la Entidad.
c) Estados de Gastos.
d) Planes y programas de inversión y financiación.

37. Las estimaciones de los distintos recursos económicos a liquidar durante el ejercicio se contienen en/en el:

a) Estado de Ingresos.
b) Estado de previsión de gastos e ingresos.
c) Estado de Gastos.
d) Ninguno de ellos.

38. Por su parte, los créditos necesarios para atender el cumplimiento de las obligaciones ordinarias se contienen en/en el:

a) Estado de Ingresos.
b) Plan de Inversión.
c) Estado de Gastos.
d) Todos los anteriores.

39. El Plan de Inversiones de una Corporación debe coordinarse con el/los:

a) Planes de Etapas del Planeamiento Urbanístico.
b) Programa Financiero o de Financiación.
c) Planes de Inversiones de la Comunidad Autónoma.
d) Las respuestas a) y b) son ciertas.

40. El Plan de Inversiones de una Corporación debe completarse con el/los:

a) Programa de Actuación del Planeamiento Urbanístico.
b) Planes de Etapas del citado Planeamiento.
c) Planes de Inversión autonómicos.
d) Programa Financiero o de Financiación.

41. El Plan de Inversiones de una Corporación se formula por un plazo de:

a) Ocho años.
b) Un año, prorrogable uno más.
c) Cuatro años.
d) Dos años.

42. El Plan de Inversiones de una Corporación se revisa con carácter:

a) Trimestral.
b) Anual.
c) Bianual.
d) Semestral.

43. Del Plan de Inversiones de una Corporación se da cuenta, en un Municipio de régimen común, al/a la:

a) Junta de Gobierno Local, al comienzo de cada ejercicio.
b) Pleno coincidiendo con la aprobación del Presupuesto.
c) Alcalde, cada mes.
d) Opinión pública, al finalizar el mandato de la Corporación.

44. Al revisar el Plan de Inversiones de una Corporación:

a) Se liquida el mismo con carácter definitivo.
b) Se le añade un nuevo ejercicio a sus previsiones.
c) Censura la gestión de la Corporación.
d) Nada de lo anterior es correcto.

45. Los Presupuestos que se integran en el Presupuesto General de la Corporación deberán aprobarse:

a) Separadamente de este.
b) Con déficit equilibrado.
c) Sin déficit inicial.
d) Por el Alcalde.

46. Para que, a lo largo del ejercicio económico no se presente déficit en el Presupuesto:

a) Se compensarán en el mismo momento en que se acuerden los decrementos de los créditos y los incrementos de los ingresos.
b) Dicha compensación se efectuará respecto de los decrementos de los ingresos y los incrementos de los créditos.
c) No se llevará a cabo gasto alguno que lo provoque.
d) Se incrementarán los conceptos tributarios vigentes.

47. La estructura de los Presupuestos de las Corporaciones Locales se fija por el:

a) Presidente de las mismas.
b) Ministerio de Hacienda.
c) Pleno de ellas.
d) Interventor General de Fondos respectivo.

48. ¿Quién puede aprobar Reglamentos o Normas generales que desarrollen los procedimientos de ejecución del Presupuesto?

a) El Presidente de la Entidad Local.
b) La Junta General de la Entidad Local.

c) El Pleno de la Entidad Local.
d) El Alcalde de la Entidad Local.

49. Dentro de la clasificación por programas de los gastos, el Área de Gasto 1 se refiere a la:

a) Servicios públicos básicos.
b) Actuaciones de carácter económico.
c) Actuaciones de carácter general.
d) Actuaciones de protección y promoción social.

50. Las áreas de gasto se dividen con carácter inmediato en:

a) Grupos de programas.
b) Políticas de programas.
c) Políticas de gasto.
d) Capítulos de gasto.

51. En la Clasificación Económica de los Gastos no hay Capítulo:

a) De transferencias corrientes.
b) Número diez.
c) De gastos financieros.
d) De activos financieros.

52. Según la Clasificación Económica, los gastos se clasifican, dentro de las operaciones no financieras, en:

a) De obligaciones generales y obligaciones diversas.
b) De actividades generales y económicas.
c) Por objetivos.
d) De operaciones de capital y operaciones corrientes.

53. La política de gasto de los órganos de gobierno de una Corporación Local se incluye en la siguiente área de gasto:

a) 1.
b) 4.
c) 9.
d) 0.

54. Por su parte, la Cultura se incluye en la siguiente área de gasto:

a) 1.
b) 2.

c) 3.
d) 4.

55. Las partidas presupuestarias desarrollan, dentro de la Clasificación Económica de los gastos, los/las:

a) Subfunciones.
b) Subconceptos.
c) Programas.
d) Artículos.

56. El Capítulo 1 de la Clasificación Económica de los Gastos se refiere a:

a) Gastos financieros.
b) Transferencias corrientes.
c) Gastos de Personal.
d) Gastos de servicios.

57. La adquisición de activos financieros por las Entidades Locales, se recoge en el siguiente Capítulo de la Clasificación Económica de los Gastos:

a) 8.
b) 9.
c) 7.
d) 6.

58. Por su parte, dentro de dicha Clasificación, los gastos de indemnizaciones por razón del servicio a los funcionarios se recogen en el siguiente Capítulo:

a) Gastos de Personal.
b) Gastos en bienes corrientes y de servicios.
c) Transferencias corrientes.
d) Gastos Financieros.

59. En la Clasificación Económica de los Ingresos, la financiación de las Entidades procedente de la emisión de deuda pública se recoge en el siguiente Capítulo:

a) Transferencias corrientes.
b) Ingresos patrimoniales.
c) Pasivos Financieros.
d) Transferencias de capital.

60. El Presupuesto de las Entidades Locales legalmente debe aprobarse definitivamente:

a) Antes de concluir el ejercicio económico en el que haya de aplicarse.
b) Antes de concluir el ejercicio económico anterior a aquel en que vaya a regir.

c) Cuando lo estime oportuno la Corporación.
d) En el mes de enero del ejercicio económico a que se refiera.

61. A los efectos anteriores, el Presidente de la Corporación remitirá al Pleno de la misma el proyecto de Presupuesto:

a) Antes del 15 de octubre del año anterior al en que va a regir.
b) Al finalizar el ejercicio económico anterior.
c) Cuando se lo demande el propio Pleno.
d) El primer día hábil del mes de enero del ejercicio económico al que se refiera.

62. En el supuesto de que no esté aprobado el Presupuesto antes del primer día del ejercicio económico a que se refiera:

a) No puede realizarse gasto alguno hasta que no se efectúe dicha aprobación.
b) Incurrirá en responsabilidad contable el Presidente.
c) Deberá incoarse expediente de habilitación de créditos.
d) Se prorroga automáticamente el del ejercicio anterior.

63. La formación del Proyecto de Presupuesto, en un Municipio de régimen común, es competencia del:

a) Pleno de la Corporación.
b) Presidente de la misma.
c) Interventor General de Fondos.
d) Tesorero.

64. El plazo de exposición al público de un Presupuesto, tras su aprobación inicial es de:

a) Treinta días hábiles.
b) Quince días hábiles.
c) Quince días naturales.
d) Un mes.

65. El Pleno de la Corporación tiene de plazo para resolver las reclamaciones presentadas en el período de exposición al público del Presupuesto:

a) Dos meses.
b) Un mes.
c) Treinta días.
d) Veinte días.

66. Debe insertarse el Presupuesto íntegramente en el:

a) Diario de mayor difusión de la Provincia.
b) Boletín Oficial de la Corporación, si lo tuviere.

c) Boletín Oficial de la Provincia.

d) Tablón de Edictos de la Corporación.

67. El Presupuesto entrará en vigor desde:

a) Su aprobación definitiva por el Pleno.

b) La recepción de copia del mismo por la Administración del Estado y de la Comunidad Autónoma respectiva.

c) La publicación en el diario de mayor circulación de la Provincia.

d) El ejercicio correspondiente, una vez publicado en el boletín oficial de la corporación, si lo tuviera, y, resumido por capítulos de cada uno de los presupuestos que lo integran, en el de la provincia o, en su caso, de la Comunidad Autónoma uniprovincial.

68. Contra la aprobación definitiva del Presupuesto el recurso que puede interponerse es:

a) Obligatoriamente, el de reposición como previo a la vía contencioso-administrativa.

b) Ante el Tribunal de Cuentas.

c) El contencioso-administrativo, sin necesidad de previa reposición.

d) El económico-administrativo.

69. El informe del Tribunal de Cuentas está previsto para el supuesto de que:

a) El Presupuesto se apruebe fuera del plazo señalado para ello.

b) Cuando la impugnación se refiera a la nivelación presupuestaria.

c) Se opte por prescindir del período de exposición al público.

d) Se lo pida el Presidente de la Corporación.

70. El acto mediante el cual se declara la existencia de un crédito exigible contra la Entidad derivado de un gasto autorizado y comprometido se denomina:

a) Ordenación de pago.

b) Disposición de gasto.

c) Liquidación de la obligación.

d) Autorización del gasto.

71. Cuando haya de efectuarse un gasto que no tenga crédito previsto en el Presupuesto se:

a) Hace un nuevo Presupuesto.

b) Acude a un suplemento de crédito.

c) Acude a un crédito extraordinario.

d) Utiliza un crédito no afectado.

72. ¿Cómo se denominan aquellas modificaciones del Presupuesto de Gastos en los que, siendo necesario realizar un gasto específico y determinado que no puede demorarse hasta el ejercicio siguiente, el crédito previsto resulta insuficiente y no puede ser objeto de ampliación?

a) Crédito extraordinario.
b) Suplemento de crédito.
c) Ampliación de crédito.
d) Crédito ampliable.

73. El Remanente Líquido de Tesorería, con el que financiar un crédito extraordinario o un suplemento de crédito, se integra por:

a) Mayores ingresos efectivamente recaudados que los previstos.
b) Fondos líquidos y derechos pendientes de cobro.
c) Anulaciones o bajas de créditos.
d) Operaciones especiales de crédito.

74. Se puede acudir a una operación de crédito para dotar un crédito extraordinario o un suplemento de crédito, con el fin de atender nuevos gastos por operaciones corrientes, siempre que la carga financiera de la Entidad no supere el siguiente porcentaje:

a) 25 %.
b) 10 %.
c) 5 %.
d) 50 %.

75. En este caso, la operación de crédito ha de quedar cancelada:

a) Antes de que concluya el ejercicio económico en el que se contraiga.
b) Antes de dos años.
c) Antes de que se renueve la Corporación.
d) Utilizando créditos ampliables.

76. El expediente de habilitación de créditos ha de ser ejecutivo:

a) Después de renovarse la Corporación.
b) En cualquiera de los ejercicios que de mandato tenga la Corporación.
c) En el mismo ejercicio en el que se apruebe.
d) Cuando lo estime oportuno el Alcalde, según las necesidades planteadas.

77. El plazo para resolver una reclamación contra un acuerdo de habilitación de créditos por calamidades públicas es de:

a) Un mes.
b) Quince días.

c) Diez días.
d) Ocho días.

78. Tiene carácter inmediatamente ejecutivo un acuerdo sobre:

a) Habilitación de crédito extraordinario.
b) Habilitación de crédito extraordinario en caso de catástrofe pública.
c) Cualquier suplemento de crédito.
d) Ninguno de los anteriores.

79. La modificación del Presupuesto de gastos mediante la que, sin alterar la cuantía total del mismo, se imputa el importe total o parcial de un crédito a otras partidas presupuestarias con diferente vinculación jurídica se denomina:

a) Habilitación de créditos extraordinarios.
b) Transferencias de crédito.
c) Generaciones de créditos por ingresos.
d) Bajas por anulación.

80. El órgano competente para efectuar la liquidación del Presupuesto, en un Municipio de régimen común, es el/la:

a) Junta de Gobierno Local.
b) Pleno de la Corporación.
c) Tribunal de Cuentas.
d) Alcalde o Presidente.

81. ¿A quién corresponde la incoación del expediente de concesión de crédito extraordinario?

a) Al Pleno de la Entidad local.
b) A la Junta de Gobierno local.
c) Al Secretario de la Corporación local.
d) Al Presidente de la Entidad local.

82. Señala cuál de las siguientes no puede ser una modificación de crédito que se lleve a cabo en los Presupuestos de Gastos de la Entidad y de sus Organismos Autónomos:

a) La incorporación de remanentes de crédito de ejercicio anterior.
b) Las bajas por anulación.
c) La generación de créditos por ingresos.
d) Las transferencias de remanentes de otras entidades.

83. La confección de los estados demostrativos de la liquidación del Presupuesto de la Entidad local, deberá realizarse:

a) Antes del día 1 de marzo del ejercicio siguiente.
b) Antes del día 31 de diciembre del ejercicio actual.
c) Antes del día 31 de octubre del ejercicio siguiente.
d) Antes del día 1 de enero del ejercicio actual.

84. Los remanentes de crédito no estarán integrados por:

a) La diferencia entre los gastos dispuestos o comprometidos y las obligaciones reconocidas.
b) La suma de los créditos disponibles, créditos no disponibles y créditos retenidos pendientes de utilizar.
c) La diferencia entre los gastos reconocidos y las obligaciones pendientes de reconocer.
d) La diferencia entre los gastos autorizados y los gastos comprometidos.

85. Con carácter general, los remanentes de crédito, al cierre del ejercicio:

a) Quedarán anulados y no se podrán incorporar al Presupuesto del ejercicio siguiente.
b) Quedarán anulados pero se podrán incorporar al Presupuesto del ejercicio siguiente.
c) No son anulados y se podrán incorporar al Presupuesto del ejercicio siguiente.
d) Se incorporan al Presupuesto del ejercicio siguiente, en todo caso.

Solución al test n.º 16

1. b) La expresión cifrada, conjunta y sistemática de las obligaciones que, como máximo, pueden reconocer la Entidad y sus Organismos Autónomos.

2. c) Las respuestas a) y b) son correctas.

3. d) Todas respuestas son correctas.

4. b) Orden EHA/3565/2008, de 3 de diciembre, por la que se aprueba la estructura de los Presupuestos de las Entidades Locales.

5. b) Pensiones.

6. a) Actuaciones de carácter económico.

7. a) Actuaciones de carácter general.

8. a) Producción de bienes públicos de carácter preferente.

9. b) Actuaciones de protección y promoción social.

10. c) Operaciones financieras y no financieras.

11. d) Atender a las necesidades imprevistas, inaplazables y no discrecionales, para las que no exista crédito presupuestario o el previsto resulte insuficiente.

12. b) De las capitales de provincia.

13. d) Todas las respuestas son verdaderas.

14. b) Se distinguen las operaciones no financieras de las financieras, subdividiéndose las primeras en operaciones corrientes y de capital.

15. b) Transferencias de capital.

16. b) La financiación de las entidades locales y sus organismos autónomos procedente de la emisión de Deuda Pública.

17. a) El Presidente de la entidad.

18. b) Anexo de personal de la Entidad Local.

19. a) Por quince días.

20. a) No se hubiesen presentado reclamaciones.

21. d) Todas las respuestas son válidas.

22. c) Se considerará automáticamente prorrogado el del anterior, con sus créditos iniciales.

23. c) Aquellas modificaciones del Presupuesto de Gastos, mediante las que se asigna crédito para la realización de un gasto específico y determinado que no puede demorarse hasta el ejercicio siguiente y para el que no existe crédito.

24. c) Las respuestas a y b son correctas.

25. b) Del Pleno de la Corporación, salvo cuando las bajas y las altas afecten a créditos de personal.

26. a) No afectarán a los créditos ampliables.

27. a) Los remanentes de los presupuestos de los cinco ejercicios anteriores.

28. a) Una Memoria justificativa.

29. a) Interponerse directamente recurso contencioso-administrativo.

30. d) Las respuestas a) y b) son correctas.

31. c) Límite cuantitativo.

32. a) Por su importe íntegro.

33. c) Bases de Ejecución.

34. c) Niveles de vinculación jurídica de los créditos.

35. c) Estado de consolidación del Presupuesto de la propia Entidad con el de todos los Presupuestos y estados de previsión de sus Organismos Autónomos y Sociedades Mercantiles.

36. d) Planes y programas de inversión y financiación.

37. a) Estado de Ingresos.

38. c) Estado de Gastos.

39. a) Planes de Etapas del Planeamiento Urbanístico.

40. d) Programa Financiero o de Financiación.

41. c) Cuatro años.

42. b) Anual.

43. b) Pleno coincidiendo con la aprobación del Presupuesto.

44. b) Se le añade un nuevo ejercicio a sus previsiones.

45. c) Sin déficit inicial.

46. b) Dicha compensación se efectuará respecto de los decrementos de los ingresos y los incrementos de los créditos.

47. b) Ministerio de Hacienda.

48. c) El Pleno de la Entidad Local.

49. a) Servicios públicos básicos.

50. c) Políticas de gasto.

51. b) Número diez.

52. d) De operaciones de capital y operaciones corrientes.

53. c) 9.

54. c) 3.

55. b) Subconceptos.

56. c) Gastos de Personal.

57. a) 8.

58. a) Gastos de Personal.

59. c) Pasivos Financieros.

60. b) Antes de concluir el ejercicio económico anterior a aquel en que vaya a regir.

61. a) Antes del 15 de octubre del año anterior en que va a regir.

62. d) Se prorroga automáticamente el del ejercicio anterior.

63. b) Presidente de la misma.

64. b) Quince días hábiles.

65. b) Un mes.

66. b) Boletín Oficial de la Corporación, si lo tuviere.

67. d) El ejercicio correspondiente, una vez publicado en el boletín oficial de la corporación, si lo tuviera, y, resumido por capítulos de cada uno de los presupuestos que lo integran, en el de la provincia o, en su caso, de la Comunidad Autónoma uniprovincial.

68. c) El contencioso-administrativo, sin necesidad de previa reposición.

69. b) Cuando la impugnación se refiera a la nivelación presupuestaria.

70. c) Liquidación de la obligación.

71. c) Acude a un crédito extraordinario.

72. b) Suplemento de crédito.

73. b) Fondos líquidos y derechos pendientes de cobro.

74. a) 25 %.

75. c) Antes de que se renueve la Corporación.

76. c) En el mismo ejercicio en el que se apruebe.

77. d) Ocho días.

78. b) Habilitación de crédito extraordinario en caso de catástrofe pública.

79. b) Transferencias de crédito.

80. d) Alcalde o Presidente.

81. d) Al Presidente de la Entidad local.

82. d) Las transferencias de remanentes de otras entidades.

83. a) Antes del día 1 de marzo del ejercicio siguiente.

84. c) La diferencia entre los gastos reconocidos y las obligaciones pendientes de reconocer.

85. a) Quedarán anulados y no se podrán incorporar al Presupuesto del ejercicio siguiente.

Ley 9/2017, de 8 de noviembre, de Contratos del Sector Público: Título Preliminar. Disposiciones generales

1. La contratación administrativa en el sector público viene regulada por:

a) La Ley 9/2017, de 8 de noviembre.
b) La Ley 6/2017, de 24 de octubre.
c) La Ley 3/2017, de 27 de junio.
d) La Ley 4/2017, de 25 de septiembre.

2. Están incluidos en el ámbito de la Ley de Contratos del Sector Público:

a) La relación de servicio de los funcionarios públicos y los contratos regulados en la legislación laboral.
b) Las relaciones jurídicas consistentes en la prestación de un servicio público cuya utilización por los usuarios requiera el abono de una tarifa, tasa o precio público de aplicación general.
c) Los contratos relativos a servicios de arbitraje y conciliación.
d) Los contratos onerosos, cualquiera que sea su naturaleza jurídica, que celebren las Mutuas de Accidentes de Trabajo y Enfermedades Profesionales de la Seguridad Social.

3. Los contratos que tienen por objeto la adquisición, el arrendamiento financiero, o el arrendamiento, con o sin opción de compra, de productos o bienes muebles, son:

a) Contratos de servicios.
b) Contratos de suministro.
c) Contratos de obras.
d) Contratos de gestión de servicios públicos.

4. No se consideran contratos de suministros:

a) Aquellos en los que el empresario se obligue a entregar una pluralidad de bienes de forma sucesiva y por precio unitario sin que la cuantía total se defina con exactitud al tiempo de celebrar el contrato, por estar subordinadas las entregas a las necesidades del adquirente.

b) Los que tengan por objeto la adquisición y el arrendamiento de equipos y sistemas de telecomunicaciones o para el tratamiento de la información, sus dispositivos y programas, y la cesión del derecho de uso de estos últimos.

c) Los de adquisición de programas de ordenador desarrollados a medida.

d) Los de fabricación, por los que la cosa o cosas que hayan de ser entregadas por el empresario deban ser elaboradas con arreglo a características peculiares fijadas previamente por la entidad contratante, aun cuando esta se obligue a aportar, total o parcialmente, los materiales precisos.

5. Están sujetos a regulación armonizada los contratos de obras y los contratos de concesión de obras públicas cuyo valor estimado sea igual o superior a:

a) 5.538.000 euros.
b) 6.581.000 euros.
c) 8.615.000 euros.
d) 1.861.000 euros.

6. De los siguientes, son contratos privados los contratos celebrados por una Administración Pública que tengan por objeto:

a) La suscripción a revistas, publicaciones periódicas y bases de datos.
b) La concesión de servicios públicos.
c) Los contratos de colaboración entre el sector público y el sector privado.
d) La adquisición de suministros.

7. Conforme al artículo 3.4 de la Ley 9/2017, los partidos políticos, cuando cumplan los requisitos para ser poder adjudicador y respecto de los contratos sujetos a regulación armonizada, deberán actuar conforme a los principios de publicidad, concurrencia, transparencia, igualdad y:

a) No discriminación.
b) Eficacia.
c) Sometimiento a las leyes.
d) Legitimidad.

8. En virtud de la Ley 9/2017 (art. 6.1.a), se presumirá que las entidades intervinientes en un convenio tienen vocación de mercado cuando realicen en el mercado abierto un porcentaje de las actividades objeto de colaboración igual o superior a:

a) El 10%.
b) El 20%.
c) El 50%.
d) El 30%.

9. Un conjunto de trabajos de construcción o de ingeniería civil, destinado a cumplir por sí mismo una función económica o técnica, que tenga por objeto un bien inmueble, es denominado por la Ley 9/2017:

a) Una infraestructura.
b) Patrimonio material.
c) Una obra.
d) Un servicio público.

10. En un contrato de concesión de obras, cuando no esté garantizado que, en condiciones normales de funcionamiento, el concesionario vaya a recuperar las inversiones realizadas ni a cubrir los costes en que hubiera incurrido como consecuencia de la explotación de las obras que sean objeto de la concesión, se considerará que el mismo asume un riesgo:

a) Operacional.
b) Virtual.
c) General.
d) Provisional.

11. Los contratos que tengan por objeto la adquisición de energía primaria o energía transformada se consideran:

a) Contratos de concesión de servicios.
b) Contratos de suministros.
c) Contratos privados.
d) Contratos de servicios.

12. Deberá elaborarse un proyecto y tramitarse como la Ley 9/2017 dispone para los contratos de obras, el contrato mixto en que un elemento del contrato sea una obra y esta supere:

a) Los 50.000 euros.
b) Los 100.000 euros.
c) Los 5.000 euros.
d) Los 10.000 euros.

13. No podrán ser objeto de los contratos de servicios:

a) Los que impliquen ejercicio de la autoridad inherente a los poderes públicos.
b) Los que impliquen el desarrollo o mantenimiento de aplicaciones informáticas.
c) Los que tengan por objeto el desarrollo y la puesta a disposición de productos protegidos por un derecho de propiedad intelectual o industrial.
d) Los que tengan por objeto la prestación de actividades docentes en centros del sector público desarrolladas en forma de cursos de formación o perfeccionamiento del personal al servicio de la Administración.

14. Se consideran sujetos a regulación armonizada los contratos:

a) Relativos al tiempo de radiodifusión o al suministro de programas que sean adjudicados a proveedores del servicio de comunicación audiovisual o radiofónica.

b) De concesión adjudicados para la puesta a disposición o la explotación de redes fijas destinadas a prestar un servicio al público en relación con la producción, el transporte o la distribución de agua potable;

c) De concesión de obras cuyo valor estimado sea igual o superior a 5.538.000 euros.

d) Que tengan por objeto los servicios de certificación y autenticación de documentos que deban ser prestados por un notario público.

15. Los contratos celebrados por entidades del sector público que siendo poder adjudicador no reúnan la condición de Administraciones Públicas, tienen la consideración de:

a) Contratos administrativos.
b) Contratos privados.
c) Contratos administrativos especiales.
d) Contratos mixtos.

16. Los contratos celebrados por entidades del sector público que no reúnan la condición de poder adjudicador, tienen la consideración de:

a) Contratos administrativos.
b) Contratos privados.
c) Contratos administrativos especiales.
d) Contratos mixtos.

17. Para la Directiva 2014/23/UE, de 26 de febrero de 2014, relativa a la adjudicación de contratos de concesión, el criterio delimitador del contrato de concesión de servicios respecto del contrato de servicios es:

a) La cuantificación del coste.
b) Quién asume el riesgo operacional.
c) La exigencia o no de la clasificación del empresario.
d) La publicación en boletín oficial.

18. Según el art. 13.3 de la Ley 9/2017, de 8 de noviembre, de Contratos del Sector Público, los contratos de obras se referirán:

a) A una obra completa.
b) A una superficie acotada.
c) A un área concreta.
d) A un plan urbanístico determinado.

19. Conforme a su Preámbulo, los objetivos que inspiran la regulación contenida en la Ley 9/2017, de 8 de noviembre, de Contratos del Sector Público, son, en primer lugar, lograr una mayor transparencia en la contratación pública, y en segundo lugar:

a) Definir claramente los elementos del perfil del contratante.
b) Delimitar los requisitos de los distintos tipos de contratos.
c) Armonizar la normativa básica de los países de la Unión Europea.
d) Conseguir una mejor relación calidad-precio.

20. Según el artículo 3.2. de la LCSP, tienen la consideración de Administración Pública:

a) Las autoridades administrativas independientes.
b) Las fundaciones públicas.
c) Las Mutuas colaboradoras con la Seguridad Social.
d) Las Entidades Públicas Empresariales.

21. En toda contratación pública se incorporarán de manera transversal y preceptiva criterios sociales y medioambientales:

a) En todo caso.
b) Siempre que guarde relación con el objeto del contrato.
c) Siempre que se garantice la relación calidad-precio.
d) Como criterio decisorio en caso de igualdad de ofertas.

22. Los consorcios y otras entidades de derecho público, se consideran Administraciones Públicas a efectos de la Ley 9/2017 de Contratos del Sector Público, si se dan las circunstancias establecidas para poder ser considerados poder adjudicador y estando vinculados a una o varias Administraciones Públicas o dependientes de las mismas, no se financien mayoritariamente:

a) Con subvenciones.
b) Con ingresos de mercado.
c) Con tasas e impuestos.
d) Con donaciones.

23. Los partidos políticos, así como las organizaciones sindicales y las organizaciones empresariales y asociaciones profesionales, además de las fundaciones y asociaciones vinculadas a cualquiera de ellos, cuando cumplan los requisitos para ser poder adjudicador y respecto de los contratos sujetos a regulación armonizada deberán actuar conforme a los principios de publicidad, concurrencia, transparencia, igualdad y no discriminación sin perjuicio del respeto a la autonomía de la voluntad y, cuando sea procedente, de:

a) La confidencialidad.
b) El interés general.

c) La libertad de asociación.
d) La autorregulación.

24. Se entenderá que un contrato tiene carácter oneroso en los casos en que:

a) El contratista obtenga algún tipo de beneficio económico de forma directa.
b) El órgano contratante obtenga algún tipo de beneficio económico.
c) El contratista obtenga algún tipo de beneficio económico, ya sea de forma directa o indirecta.
d) Tanto el órgano contratante como el contratista obtienen algún tipo de beneficio económico, ya sea de forma directa o indirecta.

25. ¿Qué tipo de contrato fue suprimido por la Ley 9/2017 de Contratos del Sector Público?

a) El contrato de servicios.
b) El contrato mixto.
c) El contrato de concesión de servicios.
d) El contrato de colaboración público-privada.

26. Se incluyen en el ámbito de aplicación de la Ley 9/2017 de Contratos del Sector Público:

a) La relación de servicio de los funcionarios públicos y los contratos regulados en la legislación laboral.
b) Los contratos que tengan por objeto servicios relacionados con campañas políticas, cuando sean adjudicados por una Administración Pública.
c) Los contratos relativos a servicios de arbitraje y conciliación.
d) Las relaciones jurídicas consistentes en la prestación de un servicio público cuya utilización por los usuarios requiera el abono de una tarifa, tasa o precio público de aplicación general.

27. En los casos en que un elemento del contrato mixto sea una obra, deberá elaborarse un proyecto y tramitarse cómo para los contratos de obras, a partir de que la obra supere:

a) Los 20.000 euros.
b) Los 50.000 euros.
c) Los 100.000 euros.
d) Los 250.000 euros.

28. Los contratos de servicios se sujetarán a regulación armonizada cuando teniendo por objeto los servicios sociales superen la siguiente cantidad:

a) 144.000 euros.
b) 221.000 euros.

c) 475.000 euros.
d) 750.000 euros.

29. No se consideran sujetos a regulación armonizada, cualquiera que sea su valor estimado, los contratos siguientes:

a) Los contratos de obras que tengan por objeto la construcción de hospitales, centros deportivos, recreativos o de ocio, edificios escolares o universitarios y edificios de uso administrativo.
b) Aquellos que tengan por objeto la representación y defensa legal de un cliente por un procurador o un abogado, ya sea en un arbitraje o una conciliación celebrada en un Estado o ante una instancia internacional de conciliación o arbitraje, o ya sea en un procedimiento judicial ante los órganos jurisdiccionales o las autoridades públicas de un Estado o ante órganos jurisdiccionales o instituciones internacionales.
c) Los que tengan por objeto servicios sociales.
d) Los adjudicados por órganos de contratación que pertenezcan al sector de la defensa.

30. Los fondos sin personalidad jurídica, a efectos de la Ley 9/2017:

a) Tienen la consideración de Administración Pública.
b) Forman parte del Sector Público.
c) Se considerarán poderes adjudicadores.
d) Se consideran fundaciones.

Solución al test n.º 17

1. a) La Ley 9/2017, de 8 de noviembre.

2. d) Los contratos onerosos, cualquiera que sea su naturaleza jurídica, que celebren las Mutuas de Accidentes de Trabajo y Enfermedades Profesionales de la Seguridad Social.

3. b) Contratos de suministro.

4. c) Los de adquisición de programas de ordenador desarrollados a medida.

5. a) 5.538.000 euros.

6. a) La suscripción a revistas, publicaciones periódicas y bases de datos.

7. a) No discriminación.

8. b) El 20%.

9. c) Una obra.

10. a) Operacional.

11. b) Contratos de suministros.

12. a) Los 50.000 euros.

13. a) Los que impliquen ejercicio de la autoridad inherente a los poderes públicos.

14. c) De concesión de obras cuyo valor estimado sea igual o superior a 5.538.000 euros.

15. b) Contratos privados.

16. b) Contratos privados.

17. b) Quién asume el riesgo operacional.

18. a) A una obra completa.

19. d) Conseguir una mejor relación calidad-precio.

20. a) Las autoridades administrativas independientes.

21. b) Siempre que guarde relación con el objeto del contrato.

22. b) Con ingresos de mercado.

23. a) La confidencialidad.

24. c) El contratista obtenga algún tipo de beneficio económico, ya sea de forma directa o indirecta.

25. d) El contrato de colaboración público-privada.

26. b) Los contratos que tengan por objeto servicios relacionados con campañas políticas, cuando sean adjudicados por una Administración Pública.

27. b) Los 50.000 euros.

28. d) 750.000 euros.

29. b) Aquellos que tengan por objeto la representación y defensa legal de un cliente por un procurador o un abogado, ya sea en un arbitraje o una conciliación celebrada en un Estado o ante una instancia internacional de conciliación o arbitraje, o ya sea en un procedimiento judicial ante los órganos jurisdiccionales o las autoridades públicas de un Estado o ante órganos jurisdiccionales o instituciones internacionales.

30. b) Forman parte del Sector Público.

TEST N.º 18

Reglamento (UE) 2016/679 del Parlamento Europeo y el Consejo, de 27 de abril de 2016: Disposiciones generales; Principios. Ley Orgánica 3/2018, de 5 de diciembre, de Protección de Datos Personales y garantía de los derechos digitales: Disposiciones generales; Principios de protección de datos; Derechos de las personas

1. Según el artículo 18.3 de la Constitución española, se garantiza el secreto de las comunicaciones y, en especial, de las postales, telegráficas y telefónicas:

a) Siempre.
b) Salvo resolución judicial.
c) Excepto en los casos que establezcan las leyes.
d) Salvo consentimiento del interesado.

2. ¿En virtud de qué principio previsto por el Reglamento General de Protección de Datos, los datos personales serán adecuados, pertinentes y limitados a lo necesario en relación con los fines para los que son tratados?

a) Principio de exactitud.
b) Principio de limitación de la finalidad.
c) Principio de responsabilidad proactiva.
d) Principio de minimización de datos.

3. El artículo 4 de la LO 3/2018 señala que, conforme al artículo 5.1.d) del Reglamento (UE) 2016/679, los datos serán exactos y, si fuere necesario:

a) Actualizados.
b) Aproximados.
c) Normalizados.
d) Digitalizados.

4. El RGPD lo define como la persona física o jurídica, autoridad pública, servicio u otro organismo que trate datos personales por cuenta del responsable del tratamiento:

a) El Delegado.
b) El Encargado.
c) El Representante.
d) El Tratante.

5. Conforme al artículo 5.1 de la LO 3/2018, estarán sujetas al deber de confidencialidad:

a) Únicamente los responsables del tratamiento.
b) Los responsables y encargados del tratamiento.
c) Los responsables y encargados del tratamiento de datos así como todas las personas que intervengan en cualquier fase de este.
d) Los responsables y encargados del tratamiento de datos así como todas las personas que intervengan en todas las fases de este.

6. Conforme a los artículos 4.11 del RGPD y 6.1 de la LO 3/2018, se entiende por _consentimiento del afectado_ la aceptación, ya sea mediante una declaración o una clara acción afirmativa, del tratamiento de datos personales que le conciernen manifestada por voluntad libre, de forma específica, informada y/e:

a) Detallada.
b) Unitaria.
c) Inequívoca.
d) Por escrito.

7. Los datos personales serán tratados de tal manera que se garantice una seguridad adecuada de los mismos, incluida la protección contra el tratamiento no autorizado o ilícito y contra su pérdida, destrucción o daño accidental, mediante la aplicación de medidas técnicas u organizativas apropiadas; todo ello en virtud del principio de:

a) Responsabilidad proactiva.
b) Integridad y confidencialidad.
c) Limitación de la finalidad.
d) Licitud, lealtad y transparencia.

8. Conforme al principio de limitación de la finalidad, los datos personales serán recogidos con fines determinados, explícitos y:

a) Limitados.
b) Transparentes.

c) Compatibles.
d) Legítimos.

9. El tratamiento de datos personales solo podrá considerarse fundado en el cumplimiento de una misión realizada en interés público o en el ejercicio de poderes públicos conferidos al responsable cuando derive de una competencia atribuida por:

a) Una norma con rango de ley.
b) El Reglamento General de Protección de Datos.
c) La Ley Orgánica 3/2018, de 5 de diciembre, de Protección de Datos Personales y garantía de los derechos digitales.
d) Un Reglamento.

10. Conforme al artículo 9 de la *LO 3/2018, de 5 de diciembre, de Protección de Datos Personales y garantía de los derechos digitales*, ¿cuál de los siguientes tratamientos de categorías especiales de datos fundados en el Derecho español deberá estar amparado en una norma con rango de ley?

a) Tratamiento necesario con fines de archivo en interés público, fines de investigación científica o histórica.
b) Tratamiento efectuado, en el ámbito de sus actividades legítimas y con las debidas garantías, por una fundación, una asociación o cualquier otro organismo sin ánimo de lucro, cuya finalidad sea política, filosófica, religiosa o sindical, siempre que el tratamiento se refiera exclusivamente a los miembros actuales o antiguos de tales organismos o a personas que mantengan contactos regulares con ellos en relación con sus fines y siempre que los datos personales no se comuniquen fuera de ellos sin el consentimiento de los interesados.
c) Tratamiento necesario para fines de medicina preventiva o laboral, evaluación de la capacidad laboral del trabajador, diagnóstico médico, prestación de asistencia o tratamiento de tipo sanitario o social, o gestión de los sistemas y servicios de asistencia sanitaria y social.
d) Tratamiento referido a datos personales que el interesado ha hecho manifiestamente públicos.

11. Uno de los objetos de la Ley Orgánica 3/2018, de 5 de diciembre, de Protección de Datos Personales y garantía de los derechos digitales, es:

a) Adaptar el ordenamiento jurídico español al Reglamento General de Protección de Datos y completar sus disposiciones.
b) Establecer las normas relativas a la protección de las personas físicas en lo que respecta al tratamiento de los datos personales y las normas relativas a la libre circulación de tales datos.
c) Adaptar el Reglamento General de Protección de Datos al ordenamiento jurídico español y completar sus disposiciones.
d) Garantizar la seguridad de la transferencia de datos entre países de la Unión Europea.

12. Según el artículo 7.1 de la LO 3/2018, el tratamiento de los datos personales de un menor de edad únicamente podrá fundarse en su consentimiento cuando sea mayor de:

a) 12 años.
b) 13 años.
c) 14 años.
d) 16 años.

13. Según el Reglamento General de Protección de Datos, cuando los datos personales no se hayan obtenido del interesado, el responsable del tratamiento le facilitará, entre otras informaciones, los fines del tratamiento a que se destinan los datos personales, así como la base jurídica del tratamiento. El responsable del tratamiento facilitará la información dentro de un plazo razonable, una vez obtenidos los datos personales, y a más tardar dentro de:

a) 10 días hábiles.
b) 20 días.
c) 1 mes.
d) 3 meses.

14. Conforme al RGPD, el interesado tendrá derecho a obtener del responsable del tratamiento la limitación del tratamiento de los datos cuando el responsable ya no necesite los datos personales para los fines del tratamiento, pero el interesado los necesite para:

a) La formulación, el ejercicio o la defensa de reclamaciones.
b) Verificar la exactitud de los mismos.
c) Incorporarlos a sus archivos personales.
d) Proceder él mismo a su destrucción.

15. El derecho a la portabilidad de los datos:

a) Se podrá aplicar a los tratamientos que sean necesario para el cumplimiento de una misión realizada en interés público o en el ejercicio de poderes públicos conferidos al responsable del tratamiento.
b) A diferencia de otros derechos, podrá afectar negativamente a los derechos y libertades de otros.
c) Supone la obligación de que, en todo caso, los datos personales se transmitan directamente de responsable a responsable.
d) Requiere que el tratamiento se efectúe por medios automatizados.

16. Conforme al RGPD ¿puede facilitarse la información al interesado de forma verbal?

a) No, en ningún caso.
b) Sí, siempre que lo solicite el interesado.

c) Sí, en cualquier caso siempre que se demuestre la identidad del interesado por otros medios.

d) Sí, cuando lo solicite el interesado y se pueda demostrar su identidad por otros medios.

17. Conforme al artículo 12 de la LO 3/2018, los derechos reconocidos en los artículos 15 a 22 del RGPD:

a) Solo podrán ser ejercidos directamente por el afectado.
b) Deberán ejercerse bien directamente por el afectado o por representante legal.
c) Deberán ejercerse bien directamente por el afectado o por representante voluntario.
d) Podrán ejercerse directamente o por medio de representante legal o voluntario.

18. Según el artículo 12.4 de la LO 3/2018, la prueba del cumplimiento del deber de responder a la solicitud de ejercicio de sus derechos formulado por el afectado recaerá:

a) Sobre el responsable del tratamiento.
b) Sobre el encargado del tratamiento.
c) Bien sobre el responsable o bien sobre el encargado.
d) Sobre el representante legal del afectado.

19. Conforme al artículo 16 del RGPD, teniendo en cuenta los fines del tratamiento, el interesado tendrá derecho a que se completen los datos personales que sean incompletos, inclusive mediante:

a) Levantamiento de acta.
b) Certificación de modificación.
c) Una declaración adicional.
d) Elaboración de anexos.

20. Conforme al artículo 17 del RGPD, el derecho de supresión no se podrá aplicar cuando:

a) Los datos personales ya no sean necesarios en relación con los fines para los que fueron recogidos o tratados de otro modo.
b) Los datos personales se hayan obtenido en relación con la oferta de servicios de la sociedad de la información.
c) Los datos personales hayan sido tratados ilícitamente.
d) Los datos personales sean necesarios para ejercer el derecho a la libertad de expresión e información.

21. Conforme al artículo 17 del RGPD, el derecho de supresión no se podrá aplicar cuando:

a) El interesado retire el consentimiento en que se basa el tratamiento, y este no se base en otro fundamento jurídico.

b) El tratamiento sea necesario para la formulación, el ejercicio o la defensa de reclamaciones.

c) El interesado se oponga al tratamiento y no prevalezcan otros motivos legítimos para el tratamiento.

d) El interesado se oponga al tratamiento cuando el tratamiento de datos personales tenga por objeto la mercadotecnia directa.

22. Conforme al artículo 18 del RGPD, el interesado tendrá derecho a obtener del responsable del tratamiento la limitación del tratamiento de los datos:

a) Cuando los datos personales ya no sean necesarios en relación con los fines para los que fueron recogidos o tratados de otro modo.

b) Para que el interesado pueda ejercer el derecho a la libertad de expresión e información.

c) Cuando el interesado impugne la exactitud de los datos personales, durante un plazo que permita al responsable verificar la exactitud de los mismos.

d) Por razones de interés público en el ámbito de la salud pública.

23. En relación con el derecho de portabilidad, es cierto que:

a) El ejercicio de este derecho impide el ejercicio del derecho de supresión.

b) Al ejercer su derecho a la portabilidad de los datos, el interesado tendrá que transmitir los datos directamente al nuevo responsable de los mismos.

c) Se aplicará al tratamiento que sea necesario para el cumplimiento de una misión realizada en interés público o en el ejercicio de poderes públicos conferidos al responsable del tratamiento.

d) No podrá afectar negativamente a los derechos y libertades de otros.

24. En referencia con el derecho de oposición, el artículo 21 del RGPD señala que:

a) Cuando el tratamiento de datos personales tenga por objeto la mercadotecnia directa, el interesado tendrá derecho a oponerse en todo momento al tratamiento de los datos personales que le conciernan.

b) A más tardar en el momento de la segunda comunicación con el interesado, el derecho de oposición será mencionado explícitamente al interesado y será presentado claramente y al margen de cualquier otra información.

c) Aun cuando el tratamiento de datos personales tenga por objeto la mercadotecnia directa, el interesado no podrá oponerse a la elaboración de perfiles relacionada con la citada mercadotecnia.

d) Los motivos legítimos para el tratamiento por parte del responsable del tratamiento no pueden prevalecer sobre los intereses, derechos y libertades del interesado.

25. Cuando se pretenda fundar el tratamiento de los datos en el consentimiento del afectado para una pluralidad de finalidades:

a) Será preciso que conste de manera específica e inequívoca que dicho consentimiento se otorga para todas ellas.

b) Será necesario demostrar que el afectado consintió expresamente e inequívocamente en alguna de las finalidades y, que el resto de finalidades están claramente relacionadas con aquella.

c) El responsable debe demostrar la adecuación de las distintas finalidades a un único objeto.

d) El consentimiento del afectado sólo puede afectar a una finalidad. Cada finalidad precisa un consentimiento propio e independiente.

Solución al test n.º 18

1. b) Salvo resolución judicial.

2. d) Principio de minimización de datos.

3. a) Actualizados.

4. b) El Encargado.

5. c) Los responsables y encargados del tratamiento de datos así como todas las personas que intervengan en cualquier fase de este.

6. c) Inequívoca.

7. b) Integridad y confidencialidad.

8. d) Legítimos.

9. a) Una norma con rango de ley.

10. c) Tratamiento necesario para fines de medicina preventiva o laboral, evaluación de la capacidad laboral del trabajador, diagnóstico médico, prestación de asistencia o tratamiento de tipo sanitario o social, o gestión de los sistemas y servicios de asistencia sanitaria y social.

11. a) Adaptar el ordenamiento jurídico español al Reglamento General de Protección de Datos y completar sus disposiciones.

12. c) 14 años.

13. c) 1 mes.

14. a) La formulación, el ejercicio o la defensa de reclamaciones.

15. d) Requiere que el tratamiento se efectúe por medios automatizados.

16. d) Sí, cuando lo solicite el interesado y se pueda demostrar su identidad por otros medios.

17. d) Podrán ejercerse directamente o por medio de representante legal o voluntario.

18. a) Sobre el responsable del tratamiento.

19. c) Una declaración adicional.

20. d) Los datos personales sean necesarios para ejercer el derecho a la libertad de expresión e información.

21. b) El tratamiento sea necesario para la formulación, el ejercicio o la defensa de reclamaciones.

22. c) Cuando el interesado impugne la exactitud de los datos personales, durante un plazo que permita al responsable verificar la exactitud de los mismos.

23. d) No podrá afectar negativamente a los derechos y libertades de otros.

24. a) Cuando el tratamiento de datos personales tenga por objeto la mercadotecnia directa, el interesado tendrá derecho a oponerse en todo momento al tratamiento de los datos personales que le conciernan.

25. a) Será preciso que conste de manera específica e inequívoca que dicho consentimiento se otorga para todas ellas.

TEST N.º 19

Reglamento del sistema de archivos y gestión de documentos de la Diputación Provincial de Badajoz: Disposiciones Generales; De la gestión documental; Del acceso, reproducción y uso de los documentos; De la difusión y formación

1. En función del ciclo vital de los documentos que se custodian los archivos pueden clasificarse en:

a) De Gestión o trámite e Históricos.
b) De oficina, Central y Local.
c) De Oficina o Gestión, Central, Intermedio e Histórico.
d) Histórico, temporal y de Gestión o Trámites.

2. El Archivo de Oficina o Gestión reúne la documentación en trámite o sometida a continua utilización y consulta administrativa por las mismas oficinas, y con carácter general en él permanecerá los documentos hasta un máximo de:

a) Quince años tras la finalización de su vigencia administrativa.
b) Diez años tras la finalización de su vigencia administrativa.
c) Cinco años tras la finalización de su vigencia administrativa.
d) Tres años tras la finalización de su vigencia administrativa.

3. El Archivo Central coordina y controla el funcionamiento de los distintos Archivos de Oficina o Gestión y reúne y gestiona los documentos transferidos por los mismos una vez finalizado su trámite y cuando su consulta no es constante, y en él permanecerán durante:

a) Quince años.
b) Diez años.
c) Cinco años.
d) Un año.

4. ¿Cuál es el archivo al que se ha de transferir los documentos del Archivo Central cuando su consulta por los órganos productores es esporádica?

a) El Archivo de Gestión.
b) El Archivo Intermedio.
c) El Archivo Histórico
d) El Archivo de Oficina.

5. El Archivo Intermedio es aquél al que se ha de transferir los documentos del Archivo Central cuando su consulta por los órganos productores es esporádica, y en el que permanecen:

a) Indefinidamente.
b) Durante veinte años hasta su eliminación o transferencia.
c) Durante quince años hasta su eliminación o transferencia.
d) Durante diez años hasta su eliminación o transferencia.

6. Corresponde a la persona titular del Archivo Provincial gestionar las transferencias e ingresos documentales en el Archivo Provincial conforme al procedimiento vigente una vez estén establecidos por la Comisión Calificadora de Documentos los plazos de la remisión documental, los cuales por regla general se producirá una vez transcurridos:

a) Doce años de la finalización de la tramitación.
b) Diez años de la finalización de la tramitación.
c) Cinco años de la finalización de la tramitación.
d) Dos años de la finalización de la tramitación.

7. Una de las funciones básicas de los archivos de oficina o gestión es el mantenimiento, puesta al día y custodia de los documentos correspondientes a trámites en curso y para aquellos para los que aún no ha transcurrido el plazo de tiempo máximo de:

a) Cinco años desde su cierre.
b) Tres años desde su cierre.
c) Dos años desde su cierre.
d) Un año desde su cierre.

8. Cumplidos los plazos de custodia documental previstos en el calendario de transferencias, todos los departamentos deberán remitir desde el correspondiente Archivo de Oficina o Gestión al Archivo General los expedientes, libros y documentos sobre los que hayan transcurrido con carácter general al menos:

a) Quince años desde la finalización de su tramitación administrativa.
b) Diez años desde la finalización de su tramitación administrativa.

c) Siete años desde la finalización de su tramitación administrativa.
d) Cinco años desde la finalización de su tramitación administrativa.

9. En cumplimiento de la legislación vigente, son accesibles los documentos con datos personales que puedan afectar a la seguridad o intimidad de las personas cuando hayan transcurrido:

a) 25 años desde el fallecimiento de los afectados o, si el momento de la defunción no es conocido, 30 años a partir de la fecha de creación del documento.
b) 25 años desde el fallecimiento de los afectados o, si el momento de la defunción no es conocido, 50 años a partir de la fecha de creación del documento.
c) 20 años desde el fallecimiento de los afectados o, si el momento de la defunción no es conocido, 40 años a partir de la fecha de creación del documento.
d) 15 años desde el fallecimiento de los afectados o, si el momento de la defunción no es conocido, 30 años a partir de la fecha de creación del documento.

10. ¿Qué archivo o archivos están bajo la dependencia orgánica y funcional de la persona titular de la Jefatura del Archivo Provincial?

a) El Archivo General.
b) Los Archivos de Oficina.
c) Los Archivos de Gestión.
d) Todas las respuestas son correctas.

11. Forma parte del patrimonio documental de la provincia de Badajoz:

a) La documentación generada por los patronatos, fundaciones, organismos autónomos, servicios, empresas y consorcios vinculados a la Diputación de Badajoz o de los que formen parte como miembro principal, creadas o por crear.
b) Los documentos ingresados en el Archivo en virtud de donación, depósito, compra, legado o cualquier otra forma que prevea la ley.
c) Los fondos documentales cedidos expresamente a la Diputación Provincial de Badajoz por personas físicas o jurídicas.
d) Todas las respuestas son correctas.

12. ¿Cómo se denomina el órgano colegiado interdisciplinar que tiene por finalidad el estudio, propuesta y dictamen de las cuestiones relativas a la calificación, acceso y utilización de todos los tipos y series documentales producidos, conservados o reunidos por la institución y por sus organismos y entidades dependientes, cualquiera que sea su soporte e incluyendo los documentos electrónicos de cualquier tipo?

a) Comisión General de Valoración, Selección y Eliminación de Documentos.
b) Comisión de Documentación.
c) Consejo de Calificación Documental.
d) Comisión Calificadora de Documentos.

13. ¿Quién ostenta la Presidencia de la Comisión Calificadora de Documentos?

a) La persona titular, Diputado o Diputada Delegada, del Área en cuyo ámbito orgánico esté integrado el Servicio de Archivo, o la unidad administrativa competente en la materia, o persone en quien delegue.

b) La persona titular de la Jefatura del Archivo Provincial.

c) La persona titular de la Diputación de Badajoz o persone en quien delegue.

d) La persona titular de la unidad administrativa de Normalización, Régimen Jurídico, Simplificación Administrativa, Transparencia y Calidad.

14. ¿Quién determina y aprueba, a nivel de cada uno de los tipos y series documentales, cuáles son los períodos de tiempo que debe permanecer cada unidad documental en el nivel de Archivo de Oficina o de Gestión?

a) La persona titular de la Jefatura del Archivo Provincial.

b) La persona titular, Diputado o Diputada Delegada, del Área en cuyo ámbito orgánico esté integrado el Servicio de Archivo.

c) La Comisión Calificadora de Documentos.

d) La persona titular de la Diputación de Badajoz.

15. Las reuniones de la Comisión Calificadora de Documentos tendrán lugar de forma ordinaria por lo general:

a) Una vez al trimestre.

b) Una vez al mes.

c) Cada quincena.

d) Una vez a la semana, generalmente los martes.

16. ¿Quién fija el orden del día y la convocatoria de la Comisión Calificadora de Documentos?

a) La Presidencia.

b) El Secretario.

c) La persona titular de la Jefatura del Archivo Provincial.

d) La persona responsable de los servicios de Informática.

17. Señala cuál de las siguientes no es una de las reglas a las que ha de ajustarse el funcionamiento de la Comisión Calificadora de Documentos:

a) La Comisión Calificadora de Documentos podrá contar con las personas asesoras que estime oportuno.

b) Para la válida constitución del órgano, a efectos de la celebración, deliberaciones y toma de acuerdos, se requerirá la asistencia, presencial o a distancia, del Presidente y Secretario o, en su caso, de quienes les suplan, y la de la tercera parte, al menos, de sus miembros.

c) La Comisión Calificadora de Documentos se reunirá previa citación de la Secretaría de la Comisión, quien indicará la fecha de la reunión y el orden del día fijado por la Presidencia.

d) La persona que realice las funciones de Secretaría tendrá voz y voto.

18. ¿A quién corresponde administrar, y en su caso elaborar, las tablas de acceso y el calendario de conservación atendiendo a las especificaciones recogidas en los respectivos estudios de identificación, valoración, accesibilidad, selección y eliminación de los tipos y series documentales?

a) A la Comisión Calificadora de Documentos.

b) A la persona titular del Archivo Provincial.

c) A la persona titular, Diputado o Diputada Delegada, del Área en cuyo ámbito orgánico esté integrado el Servicio de Archivo.

d) Ninguna respuesta es correcta.

19. ¿Cuáles son los centros especializados en la conservación, custodia y gestión de los documentos en fase activa?

a) El Archivo Central.

b) El Archivo Intermedio.

c) Los archivos de oficina o gestión.

d) El Archivo Histórico.

20. ¿A qué criterios atenderá el número y organización de la red de archivos de oficina o gestión?

a) A la variedad de la documentación derivada del desarrollo de las distintas actividades.

b) A la dispersión de las unidades administrativas u órganos productores de documentos.

c) Al volumen de documentos a archivar y gestionar.

d) Todas las respuestas son correctas.

21. El archivo de oficina o gestión lo integra el conjunto de documentos en cualquier soporte, incluido el electrónico, producidos o generados fruto de la actividad de la unidad/es administrativa/s u órgano/s que lo tienen por referencia, mientras dura su tramitación administrativa y de acuerdo con el calendario de conservación que, en último caso y por regla general, durará un máximo de:

a) Diez años desde su cierre.

b) Seis años desde su cierre.

c) Cinco años desde su cierre.

d) Dos años desde su cierre.

22. Señala la respuesta incorrecta respecto a la transferencia y/o ingreso de los documentos:

a) En ningún caso podrán enviarse al Archivo General fotocopias o similares.

b) Las unidades administrativas procurarán enviar los expedientes, libros y documentos tramitados por años completos.

c) Todas las transferencias de documentación realizadas quedarán reflejadas en el correspondiente registro cumplimentado por el Servicio de Archivo, o unidad administrativa competente en la materia.

d) Los expedientes y otros documentos, en cualquier tipo de soporte material, incluidos los electrónicos, que se remitan al Archivo General deberán tener la condición de originales.

23. ¿Cómo se denomina la labor que consiste en el establecimiento de los valores de cada una de las series documentales en función de los efectos que causan, de la información que contienen y de su importancia para la investigación y en la determinación de su prescripción, fijando los plazos de transferencia, acceso, conservación o eliminación total o parcial?

a) Selección.

b) Catalogación.

c) Valoración.

d) Expurgo.

24. ¿Cuál es el único órgano competente para autorizar la destrucción de documentos originales?

a) El Pleno de la Diputación.

b) El Presidente de la Diputación.

c) La Comisión Calificadora de Documentos.

d) La persona titular de la Jefatura del Archivo Provincial.

25. A tenor del Reglamento del sistema de archivos y gestión de documentos de la Diputación Provincial de Badajoz, la destrucción, ocultación o extravío de documentación podrá dar lugar a responsabilidades:

a) Únicamente penales.

b) Disciplinarias.

c) Penales y administrativas.

d) Penales, disciplinarias y administrativas.

26. Según dispone el Reglamento del sistema de archivos y gestión de documentos de la Diputación Provincial de Badajoz, se promoverá el uso de TIC en el Archivo Provincial en todo lo relacionado con:

a) La difusión de información archivística a través de las redes de comunicación.

b) La digitalización documental.

c) La reproducción de documentos con fines de consulta y difusión.
d) Todas las respuestas son correctas.

27. ¿Por qué principios establecidos en la legislación vigente están presididas las consultas al Archivo Provincial realizadas por otras Administraciones Públicas?

a) Cooperación, asistencia e información mutua.
b) Colaboración, asistencia e información mutua.
c) Colaboración, información mutua y eficacia en la gestión.
d) Igualdad, reciprocidad y asistencia.

28. Señala la respuesta incorrecta respecto a las consultas internas y externas:

a) Se entiende como consulta interna la realizada por las unidades administrativas de la Diputación Provincial de Badajoz, sus organismos autónomos u otros entes instrumentales, además de la realizada por los miembros de la Corporación en el ejercicio de sus funciones de gestión y control político y administrativo.
b) Todas las personas físicas y jurídicas tienen el derecho de acceder y consultar la información contenida en los documentos y realizar investigaciones de carácter cultural, histórico o científico.
c) Únicamente de las externas deberá quedar constancia por escrito.
d) El procedimiento de consulta y préstamo de orden interno obedecerá a la normativa y operativa que en su momento tenga establecida el Archivo Provincial que será de conocimiento público.

29. ¿Cuál es el órgano responsable de dotar al Archivo Provincial de Badajoz de los locales, instalaciones y medios técnicos, particularmente en los dedicados a depósito físico y repositorios digitales, que cumplan las condiciones necesarias para garantizar la seguridad, accesibilidad y preservación de los fondos documentales, adoptando las medidas de control, prevención, corrección y/o extinción que resulten más oportunas en cada caso?

a) El Ayuntamiento de la ciudad de Badajoz.
b) La Junta de Extremadura.
c) La Diputación Provincial de Badajoz.
d) El Ministerio de Cultura y Deporte.

30. ¿Cómo se denomina el documento que justifica la asunción por el Servicio de Archivo, o unidad administrativa competente en la materia, de la responsabilidad en la conservación de la documentación recibida?

a) Hoja de recepción.
b) Hoja de entrega.
c) Hoja de remisión.
d) Hoja de aceptación.

Solución al test n.º 19

1. c) De Oficina o Gestión, Central, Intermedio e Histórico.

2. c) Cinco años tras la finalización de su vigencia administrativa.

3. b) Diez años.

4. b) El Archivo Intermedio.

5. c) Durante quince años hasta su eliminación o transferencia.

6. c) Cinco años de la finalización de la tramitación.

7. a) Cinco años desde su cierre.

8. d) Cinco años desde la finalización de su tramitación administrativa.

9. b) 25 años desde el fallecimiento de los afectados o, si el momento de la defunción no es conocido, 50 años a partir de la fecha de creación del documento.

10. a) El Archivo General.

11. d) Todas las respuestas son correctas.

12. d) Comisión Calificadora de Documentos.

13. a) La persona titular, Diputado o Diputada Delegada, del Área en cuyo ámbito orgánico esté integrado el Servicio de Archivo, o la unidad administrativa competente en la materia, o persone en quien delegue.

14. c) La Comisión Calificadora de Documentos.

15. b) Una vez al mes.

16. a) La Presidencia.

17. b) Para la válida constitución del órgano, a efectos de la celebración, deliberaciones y toma de acuerdos, se requerirá la asistencia, presencial o a distancia, del Presidente y Secretario o, en su caso, de quienes les suplan, y la de la tercera parte, al menos, de sus miembros.

18. b) A la persona titular del Archivo Provincial.

19. c) Los archivos de oficina o gestión.

20. d) Todas las respuestas son correctas.

21. c) Cinco años desde su cierre.

22. a) En ningún caso podrán enviarse al Archivo General fotocopias o similares.

23. c) Valoración.

24. a) El Pleno de la Diputación.

25. c) Penales y administrativas.

26. d) Todas las respuestas son correctas.

27. a) Cooperación, asistencia e información mutua.

28. c) Únicamente de las externas deberá quedar constancia por escrito.

29. c) La Diputación Provincial de Badajoz.

30. c) Hoja de remisión.

TEST N.º 20

Ordenanza reguladora del procedimiento administrativo electrónico y del registro electrónico en la Diputación de Badajoz y sus entidades y organismos dependientes: Disposiciones generales; La sede electrónica; Atención a la ciudadanía y oficinas de asistencia en materia de registro

1. ¿Cuántos Títulos componen la Ordenanza reguladora del procedimiento administrativo electrónico y del registro electrónico en la Diputación de Badajoz y sus entidades y organismos dependientes?

a) Tres.
b) Ocho.
c) Cinco.
d) Nueve.

2. ¿Qué Título de la Ordenanza reguladora del procedimiento administrativo electrónico y del registro electrónico en la Diputación de Badajoz y sus entidades y organismos dependientes regula la sede electrónica, sus características y su contenido mínimo, así como las cuestiones relativas a la seguridad y la responsabilidad?

a) Uno.
b) Dos.
c) Tres.
d) Cuatro.

3. El Título de la Ordenanza reguladora del procedimiento administrativo electrónico y del registro electrónico en la Diputación de Badajoz y sus entidades y organismos dependientes, dedicado al Procedimiento Administrativo Electrónico, incorpora los elementos básicos del nuevo procedimiento, partiendo como eje central de:

a) La simplificación administrativa.
b) La seguridad y la responsabilidad.
c) La atención ciudadana.
d) La seguridad jurídica de los ciudadanos.

4. La Ordenanza reguladora del procedimiento administrativo electrónico y del registro electrónico en la Diputación de Badajoz y sus entidades y organismos dependientes tiene por objeto:

a) Facilitar el uso de los medios electrónicos en la Administración Provincial.

b) Regular la esfera jurídica de derechos de los ciudadanos.

c) Actuar para implantar los principios de eficacia, jerarquía, descentralización, desconcentración y coordinación en la Administración Provincial.

d) El desarrollo normativo del procedimiento administrativo común en el ámbito de la Diputación de Badajoz.

5. Señala cuál de los siguientes ámbitos no será de aplicación de la Ordenanza reguladora del procedimiento administrativo electrónico y del registro electrónico en la Diputación de Badajoz y sus entidades y organismos dependientes:

a) La Entidad local de la Diputación Provincial de Badajoz.

b) El Organismo Autónomo de Recaudación (OAR).

c) El Organismo Autónomo Patronato Provincial de la Escuela de Tauromaquia.

d) El Consorcio para la Gestión de Embalses, Pantanos y Canales de la Provincia de Badajoz.

6. Indica cuál de los siguientes es un ámbito de aplicación objetivo de la Ordenanza reguladora del procedimiento administrativo electrónico y del registro electrónico en la Diputación de Badajoz y sus entidades y organismos dependientes:

a) La Entidad local de la Diputación Provincial de Badajoz.

b) El Consorcio para la Gestión de Servicios Medioambientales en la Provincia de Badajoz, PROMEDIO.

c) El Consorcio para la Prestación del Servicio de Prevención y Extinción de Incendios de la Provincia de Badajoz (CPEI).

d) Las relativas al tratamiento de la información obtenida por la Diputación de Badajoz y sus Entidades dependientes en el ejercicio de sus potestades.

7. Indica la respuesta incorrecta. Los principios generales de la Ordenanza reguladora del procedimiento administrativo electrónico y del registro electrónico en la Diputación de Badajoz y sus entidades y organismos dependientes son aplicables también a las comunicaciones de las personas no sometidas a las normas de procedimiento administrativo, especialmente las siguientes:

a) La presentación de quejas y reclamaciones.

b) La elección de la representación sindical de los profesionales de la Diputación de Badajoz.

c) Comunicaciones de avisos y de incidencias.

d) Las formas de participación ciudadana en lo no regulado en la legislación sobre transparencia, acceso a la información, reutilización de la información y participación ciudadana de la Diputación de Badajoz.

8. La obligación de la Diputación de Badajoz y sus Entidades dependientes para impulsar el acceso electrónico a la información, los trámites y los procedimientos administrativos a fin de conseguir la realización más eficaz de los principios constitucionales de transparencia administrativa, proximidad y servicio a los ciudadanos se relaciona con el principio de:

a) Servicio a la ciudadanía.
b) Simplificación administrativa.
c) Impulso de medios electrónicos.
d) Interoperabilidad.

9. El principio de transparencia obliga a la Diputación de Badajoz y a sus Entidades dependientes a:

a) Apostar por el uso de los medios electrónicos en sus relaciones con los ciudadanos y las demás Administraciones públicas, especialmente con los Municipios y Entidades Locales de su ámbito de actuación.
b) Alcanzar la simplificación e integración de los procesos, procedimientos y trámites administrativos para la mejora del servicio al ciudadano; aprovechando la eficiencia que conlleva el uso de medios y técnicas de administración electrónica.
c) Otorgar la máxima publicidad, difusión y transparencia a sus archivos y actuaciones administrativas, de conformidad con las disposiciones legales y reglamentarias aplicables sobre transparencia, acceso a la información, reutilización de la información y participación ciudadana.
d) Garantizar la independencia en la elección de las alternativas tecnológicas por las personas y por el sector público, así como la libertad de desarrollar e implantarlos avances tecnológicos en el libre mercado.

10. ¿Qué principio de la Ordenanza reguladora del procedimiento administrativo electrónico y del registro electrónico en la Diputación de Badajoz y sus entidades y organismos dependientes obliga a promover el uso de los medios electrónicos en el ejercicio de los derechos de los ciudadanos, especialmente en el derecho de petición, derechos de audiencia e información pública, iniciativa ciudadana, consultas y la presentación de quejas, reclamaciones y sugerencias?

a) Principio de cooperación.
b) Principio de transparencia.
c) Principio de accesibilidad y usabilidad.
d) Principio de participación.

11. En cuanto al acceso de los interesados al procedimiento electrónico, la Ordenanza garantiza los siguientes principios, entre otros. Señala el que no proceda:

a) Confidencialidad.
b) Legalidad.

c) No discriminación.

d) Trazabilidad de los procedimientos y documentos administrativos.

12. La Diputación de Badajoz garantizará el acceso de los ciudadanos a los servicios electrónicos a través de un sistema de varios canales que cuente, al menos, con los siguientes medios. Indica el que no corresponda:

a) Las oficinas de atención presencial.

b) Los Puntos de Acceso General Electrónicos de la Diputación Provincial y de las Entidades sujetas a esta Ordenanza a que se refiere la normativa sobre Procedimiento Administrativo Común de las Administraciones Públicas.

c) La información domiciliaria realizada mediante un servicio de agentes informativos.

d) Los Servicios de Atención Telefónica que faciliten información a los ciudadanos en sus relaciones con la Diputación Provincial y sus Entidades dependientes, en el ejercicio de sus derechos y en el cumplimiento de sus obligaciones.

13. Según el artículo 7 de la Ordenanza reguladora del procedimiento administrativo electrónico y del registro electrónico en la Diputación de Badajoz y sus entidades y organismos dependientes, uno de los derechos que se reconoce a las personas, que se encuentra contenido en la normativa sobre Procedimiento Administrativo Común de las Administraciones Públicas, es:

a) Derecho a la libre expresión de reclamaciones y quejas.

b) Derecho a la cooperación.

c) Derecho a obtener información a través de los medios que las instituciones decreten.

d) Derecho a disponer de asistencia y soporte en la utilización de las herramientas de la Administración electrónica.

14. Los sujetos obligados a relacionarse por medios electrónicos con la Diputación de Badajoz y sus Entidades vinculadas, de conformidad con la legislación de Procedimiento Administrativo Común de las Administraciones Públicas son los siguientes excepto uno. Indica cuál:

a) Las personas que actúen en representación de un interesado no obligado a relacionarse electrónicamente con la Administración.

b) Las personas que ejerzan una actividad profesional para la cual se requiera colegiación obligatoria, en todos aquellos trámites y actuaciones que realicen con las Diputación de Badajoz o sus Entidades dependientes en el ejercicio de dicha actividad profesional. En todo caso, dentro de este colectivo, se entenderán incluidos los notarios y los registradores de la propiedad y mercantiles.

c) Los empleados públicos de la Diputación de Badajoz, así como los de las Entidades vinculadas a la misma.

d) Los aspirantes que pretendan acceder a los cuerpos o escalas de personal funcionario y a los puestos de personal laboral fijo cuya selección corresponde a la Diputación de Badajoz, así como al resto de convocatorias de selección de personal, conforme a los requisitos y formas que establezcan las bases reguladoras de las convocatorias.

15. Conforme a la Ordenanza reguladora del Procedimiento Administrativo Electrónico y del Registro Electrónico en la Diputación de Badajoz, la titularidad de la sede electrónica de la Diputación corresponde a:

a) La Junta de Extremadura.
b) La Consejería con competencia en asuntos administrativos.
c) La Diputación de Badajoz o a las Entidades dependientes de la misma.
d) La Presidencia de la Junta de Extremadura.

16. Indica la respuesta incorrecta. La sede electrónica de la Diputación de Badajoz y las sedes electrónicas de las Entidades dependientes, en su caso, deberán contener:

a) Identificación de la sede, especificando la dirección electrónica de referencia.
b) Identificación del órgano u órganos titulares y de los responsables de su gestión y administración.
c) Resolución o acuerdo de creación de la sede.
d) Ámbito objetivo.

17. El acceso para la formulación de quejas y sugerencias en los términos de la normativa sobre transparencia, acceso a la información, reutilización de la información y participación ciudadana se hará a través de:

a) El Boletín Oficial de la Provincia de Badajoz.
b) El Boletín Oficial del Estado.
c) La sede electrónica.
d) Las Entidades dependientes de la Diputación de Badajoz.

18. El conjunto de medios dispuestos por la Diputación de Badajoz con el fin de facilitar a la ciudadanía el ejercicio de sus derechos y el cumplimiento de sus obligaciones en sus relaciones con la Administración provincial, constituyen:

a) La atención a la ciudadanía.
b) La simplificación administrativa.
c) El impulso de medios electrónicos.
d) La interoperabilidad.

19. La atención ciudadana se rige por los principios establecidos en el artículo 4 de la Ordenanza reguladora del procedimiento administrativo electrónico y del registro electrónico en la Diputación de Badajoz y sus entidades y organismos dependientes, entre otros. Indica aquel que no corresponda:

a) Objetividad, eficacia y eficiencia.
b) Delimitación del ámbito de actuación.
c) Trato esmerado con la ciudadanía.
d) Calidad en la atención ciudadana.

20. La información facilitada a la ciudadanía que permita al ciudadano a acceder al conocimiento de sus derechos y obligaciones y a la utilización de los bienes y servicios públicos se llama:

a) Información general.
b) Información particular.
c) Información administrativa.
d) Queja.

21. La manifestación o declaración de una persona en la que transmite una idea con la que pretende mejorar los servicios que presta la Diputación de Badajoz o sus Entidades dependientes, o alguno de sus procesos, o bien solicita la prestación de un servicio o actuación no previsto o no ofrecido, se denomina:

a) Queja.
b) Sugerencia.
c) Información indicativa.
d) Incidencia.

22. ¿Cómo se llama la información administrativa relativa a la identificación, fines, competencias, estructura, funcionamiento y localización de organismos, unidades administrativas, autoridades y personal al servicio de las Administración provincial y de sus Entidades dependientes?

a) Información general.
b) Información institucional.
c) Información administrativa.
d) Información global.

23. La exposición de una incidencia durante la prestación de un servicio por parte de la Diputación de Badajoz o sus Entidades dependientes que ocasiona en la persona interesada una insatisfacción por el resultado obtenido o la forma de realizarse será recibida por aquella en forma de:

a) Queja.
b) Sugerencia.
c) Información indicativa.
d) Tramitación.

24. La acreditación de la identidad de las personas para la emisión de sus certificados o claves conforme a lo dispuesto en la normativa de procedimiento administrativo común de las Administraciones públicas es función de:

a) La sede electrónica.
b) El registro administrativo.

c) La Oficina de Atención a la Ciudadanía.
d) La Oficina de Procedimientos Administrativos.

25. Los extractos e información sobre las convocatorias de selección de personal de las Entidades locales de la Provincia que se encuentren en tramitación serán expuestos en:

a) El Tablón de noticias.
b) El Tablón de anuncios.
c) El Tablón de ofertas.
d) El Tablón de empleo.

Solución al test n.º 20

1. b) Ocho.

2. c) Tres.

3. a) La simplificación administrativa.

4. d) El desarrollo normativo del procedimiento administrativo común en el ámbito de la Diputación de Badajoz.

5. d) El Consorcio para la Gestión de Embalses, Pantanos y Canales de la Provincia de Badajoz.

6. d) Las relativas al tratamiento de la información obtenida por la Diputación de Badajoz y sus Entidades dependientes en el ejercicio de sus potestades.

7. b) La elección de la representación sindical de los profesionales de la Diputación de Badajoz.

8. a) Servicio a la ciudadanía.

9. c) Otorgar la máxima publicidad, difusión y transparencia a sus archivos y actuaciones administrativas, de conformidad con las disposiciones legales y reglamentarias aplicables sobre transparencia, acceso a la información, reutilización de la información y participación ciudadana.

10. d) Principio de participación.

11. a) Confidencialidad.

12. c) La información domiciliaria realizada mediante un servicio de agentes informativos.

13. d) Derecho a disponer de asistencia y soporte en la utilización de las herramientas de la Administración electrónica.

14. a) Las personas que actúen en representación de un interesado no obligado a relacionarse electrónicamente con la Administración.

15. c) La Diputación de Badajoz o a las Entidades dependientes de la misma.

16. d) Ámbito objetivo.

17. c) La sede electrónica.

18. a) La atención a la ciudadanía.

19. b) Delimitación del ámbito de actuación.

20. c) Información administrativa.

21. b) Sugerencia.

22. a) Información general.

23. a) Queja.

24. c) La Oficina de Atención a la Ciudadanía.

25. d) El Tablón de empleo.

TEST N.º 21

Administración electrónica: conceptos y términos. Nociones básicas de seguridad informática. Informática básica: conceptos fundamentales sobre el hardware y el software. Archivo de información. Redes de comunicaciones e Internet. El correo electrónico

1. Se define como "dirección electrónica disponible para los ciudadanos a través de redes de telecomunicaciones cuya titularidad, gestión y administración corresponde a una Administración Pública, órgano o entidad administrativa en el ejercicio de sus competencias":

a) Sede electrónica.
b) Administración electrónica.
c) Página web de una Administración Pública.
d) Estándar abierto.

2. El artículo 26.2 de la Ley 39/2015 (LPACAP), exige para ser válidos "contener información de cualquier naturaleza en un soporte electrónico según un formato determinado y susceptible de identificación y tratamiento diferenciado", a:

a) Las notificaciones administrativas.
b) Las comunicaciones electrónicas.
c) Los documentos electrónicos.
d) Los certificados electrónicos.

3. Los datos en formato electrónico anejos a otros datos electrónicos o asociados de manera lógica con ellos que utiliza el firmante para firmar, constituyen, según el Reglamento (UE) 910/2014:

a) La firma electrónica.
b) El certificado electrónico.
c) El expediente electrónico.
d) El documento electrónico.

4. Los registros electrónicos de las Administraciones Públicas deben permitir la presentación de solicitudes, escritos y comunicaciones:

a) Los mismos días hábiles que el resto de registros.
b) En el horario de presencia de los funcionarios a su cargo.
c) Al menos 12 horas al día, todos los días lectivos.
d) Todos los días del año durante las 24 horas.

5. En relación al tipo de comunicación de interesado con la Administración, no es cierto que:

a) Las personas físicas puedan elegir en todo momento si se comunican con las Administraciones Públicas para el ejercicio de sus derechos y obligaciones a través de medios electrónicos o no, salvo que estén obligadas a relacionarse a través de medios electrónicos con las Administraciones Públicas.
b) Las Administraciones puedan establecer la obligación de relacionarse con ellas a través de medios electrónicos para determinados procedimientos y para ciertos colectivos de personas físicas.
c) Las personas jurídicas estén obligadas a relacionarse a través de medios electrónicos con las Administraciones Públicas para la realización de cualquier trámite de un procedimiento administrativo.
d) El medio elegido por la persona para comunicarse con las Administraciones Públicas no puede ser modificado a lo largo del procedimiento.

6. No están obligados a relacionarse a través de medios electrónicos con las Administraciones Públicas para la realización de cualquier trámite de un procedimiento administrativo:

a) Las entidades sin personalidad jurídica.
b) Todo aquel que ostente la representación de un interesado.
c) Quienes ejerzan una actividad profesional para la que se requiera colegiación obligatoria, para los trámites y actuaciones que realicen con las Administraciones Públicas en ejercicio de dicha actividad profesional.
d) Las personas jurídicas.

7. En las disposiciones de creación de registros electrónicos no es necesario especificar:

a) Los días declarados como inhábiles.
b) La caducidad del registro.
c) El órgano o unidad responsable de su gestión.
d) La fecha y hora oficial.

8. El proceso tecnológico que permite convertir un documento en soporte papel o en otro soporte no electrónico en un fichero electrónico que contiene la imagen codificada, fiel e íntegra del documento, se conoce en la LPACAP como:

a) Automatización.
b) Fotocopiado.
c) Autenticación.
d) Digitalización.

9. En relación al funcionamiento del registro electrónico, es cierto que:

a) Permitirá la presentación de documentos todos los días hábiles del año durante la jornada laboral de su personal.
b) El inicio del cómputo de los plazos que hayan de cumplir las Administraciones Públicas vendrá determinado por la fecha y hora de presentación en el registro electrónico de cada Administración u Organismo.
c) Los documentos se considerarán presentados por el orden de hora efectiva en el que fueron aceptados por el funcionario habilitado al efecto.
d) El registro electrónico de cualquier Administración u Organismo se regirá a efectos de cómputo de los plazos, por la fecha y hora oficial indicada por el Central European Time.

10. Cuando los interesados se correspondan con colectivos de personas físicas que por razón de su capacidad económica o técnica, dedicación profesional u otros motivos acreditados tengan garantizado el acceso y disponibilidad de los medios tecnológicos precisos:

a) Estarán obligados a utilizar siempre medios electrónicos para comunicarse con la Administración.
b) Podrán elegir el medio con el que comunicarse con la Administración.
c) Las Administraciones Públicas podrán establecer reglamentariamente la obligatoriedad de comunicarse con ellas utilizando sólo medios electrónicos.
d) Tendrán las mismas obligaciones que cualquier persona física en su relación con la Administración.

11. En relación a las notificaciones, no es cierto que:

a) Deban contener el texto íntegro de la resolución.
b) Se practicarán preferentemente por medios electrónicos.
c) Las que contengan medios de pago a favor de los obligados deberán efectuarse por medios electrónicos.
d) En los procedimientos iniciados a solicitud del interesado, la notificación se practicará por el medio señalado al efecto por el interesado.

12. Las notificaciones por medios electrónicos se entenderán practicadas:

a) En el momento de su emisión.
b) En el momento en que se produzca el acceso a su contenido.
c) En el momento que el interesado acredite su recepción.
d) En el plazo de 10 días naturales desde su puesta a disposición del interesado.

13. Cuando en virtud de una norma sea preciso remitir el expediente electrónico, se enviará completo, foliado, autentificado y acompañado de:

a) La información auxiliar o de apoyo.
b) La norma que lo sustenta.
c) Un recibo del Registro General.
d) Un índice de los documentos que contenga.

14. En las condiciones y con las garantías que se determinen reglamentariamente, la publicación del «Boletín Oficial del Estado» en la sede electrónica del Organismo competente tendrá carácter:

a) Voluntario y consultivo.
b) Discrecional e informativo.
c) General y sustitutorio.
d) Oficial y auténtico.

15. No es cierto, conforme al artículo 70.3 de la LPACAP, que, cuando en virtud de una norma sea preciso remitir el expediente electrónico, se enviará:

a) Por partes.
b) Foliado.
c) Autentificado.
d) Acompañado de un índice de los documentos que contenga.

16. Según el artículo 41.1 de la LRJSP, se entiende por actuación administrativa automatizada:

a) Cualquier acto o actuación realizada íntegramente a través de medios electrónicos por una Administración Pública en el marco de un procedimiento administrativo y en la que no haya intervenido de forma directa un empleado público.
b) Cualquier acto o actuación realizada al menos en parte a través de medios electrónicos por una Administración Pública en el marco de un procedimiento administrativo y en la que no haya intervenido de forma directa un empleado público.
c) Cualquier acto o actuación realizada íntegramente a través de medios electrónicos por una Administración Pública en el marco de un procedimiento administrativo y en la que haya intervenido de forma directa un empleado público.
d) Cualquier acto o actuación realizada al menos en parte a través de medios electrónicos por una Administración Pública en el marco de un procedimiento administrativo y en la que haya intervenido de forma directa un empleado público.

17. Conforme al artículo 9.2 de la LPACAP, los interesados podrán identificarse electrónicamente ante las Administraciones Públicas a través de cualquier sistema que cuente con un registro previo como usuario que permita garantizar su:

a) Identidad.
b) Motivación.
c) Consentimiento.
d) Ubicación.

18. El Reglamento (UE) 910/2014 la define como "aquella firma electrónica que cumple con los siguientes requisitos: estar vinculada al firmante de manera única; permitir la identificación del firmante; haber sido creada utilizando datos de creación de la firma electrónica que el firmante puede utilizar, con un alto nivel de confianza, bajo su control exclusivo; estar vinculada con los datos firmados por la misma de modo tal que cualquier modificación ulterior de los mismos sea detectable":

a) Firma electrónica reconocida.
b) Firma electrónica avanzada.
c) Firma electrónica certificada.
d) Firma electrónica cualificada.

19. Conforme al artículo 2 del RD 203/2021, entenderemos el principio de accesibilidad como:

a) El conjunto de principios y técnicas que se deben respetar al diseñar, construir, mantener y actualizar los servicios electrónicos para garantizar la igualdad y la no discriminación en el acceso de las personas usuarias.
b) Determinar que el diseño de los servicios electrónicos esté centrado en las personas usuarias, de forma que se minimice el grado de conocimiento necesario para el uso del servicio.
c) La capacidad de los sistemas de información y, por ende, de los procedimientos a los que éstos dan soporte, de compartir datos y posibilitar el intercambio de información entre ellos.
d) La capacidad de las Administraciones Públicas para que, partiendo del conocimiento adquirido del usuario final del servicio, proporcione servicios precumplimentados y se anticipe a las posibles necesidades de los mismos.

20. La actuación de una Administración Pública, órgano, organismo público o entidad de derecho público, cuando utilice medios electrónicos, se realizará mediante firma electrónica del titular del órgano o empleado público a través del que se ejerza la competencia. A este respecto, es cierto que:

a) Cada Administración Pública determinará los sistemas de firma electrónica que debe utilizar su personal, los cuales habrán de identificar de forma conjunta al titular del puesto de trabajo o cargo y a la Administración u órgano en la que presta sus servicios.
b) Los sistemas de firma electrónica podrán referirse sólo el número de identificación profesional del empleado público.

c) Los certificados electrónicos de empleado público serán cualificados y se ajustarán a lo señalado en el Esquema Nacional de Interoperabilidad y la legislación vigente en materia de identidad y firma electrónica.

d) En ningún caso se podrá solicitar la revelación de la identidad del titular de un certificado de empleado público con número de identificación profesional.

21. El Esquema Nacional de Seguridad está constituido por los principios básicos y requisitos mínimos que garanticen adecuadamente la seguridad de la información tratada. Entre dichos principios básicos figura:

a) Protección de las instalaciones.
b) Seguridad por defecto.
c) Reevaluación periódica.
d) Prevención ante otros sistemas de información interconectados.

22. La letra [C] señala, en relación con la seguridad de la información o de los sistemas, una dimensión de seguridad de:

a) Cualificación.
b) Confidencialidad.
c) Capacitación.
d) Certificación.

23. Un incidente de seguridad que afecte a alguna de las dimensiones de seguridad supone un perjuicio muy grave sobre las funciones de la organización, sobre sus activos o sobre los individuos afectados, cuando:

a) Reduzca de forma apreciable la capacidad de la organización para atender eficazmente sus funciones y competencias, aunque estas sigan desempeñándose.
b) Cause un daño significativo en los activos de la organización.
c) Cause un perjuicio significativo a algún individuo, de difícil reparación.
d) Anule efectivamente la capacidad de la organización para desarrollar eficazmente sus funciones y competencias.

24. Conforme al artículo 9 de la LPACAP, los interesados podrán identificarse electrónicamente ante las Administraciones Públicas a través de cualquier sistema que las Administraciones públicas consideren válido en los términos y condiciones que se establezca, siempre que cuenten con un registro previo como usuario que permita garantizar su identidad y previa comunicación a la Secretaría General de Administración Digital del Ministerio de Asuntos Económicos y Transformación Digital. De forma previa a la eficacia jurídica del sistema, habrá de transcurrir desde dicha comunicación el siguiente plazo, durante el cual el órgano estatal competente por motivos de seguridad pública podrá acudir a la vía jurisdiccional, previo informe vinculante de la Secretaría de Estado de Seguridad:

a) 1 mes.
b) 2 meses.

c) 3 meses.
d) 6 meses.

25. Cuando una sede electrónica o sede electrónica asociada contenga procedimientos, servicios o ambos, cuya competencia corresponda a otro órgano administrativo, organismo público o entidad de derecho público vinculado o dependiente, ¿quién será responsable de la integridad, veracidad y actualización de los mismos?

a) El titular de la competencia, siempre que dicho órgano, organismo o entidad pertenezca a la misma Administración.
b) El titular de la sede electrónica o sede electrónica asociada, siempre que dicho órgano, organismo o entidad pertenezca a la misma Administración.
c) El titular de la competencia, sea de la misma o de diferente Administración.
d) El titular de la sede electrónica o sede electrónica asociada, sea de la misma o de diferente Administración.

26. ¿Qué es un Firewall o cortafuegos?

a) Un sistema de seguridad que bloquea accesos no deseados.
b) Un sistema antispam.
c) Un lenguaje de programación.
d) Un tipo de servidor de archivos en la nube.

27. Cuando accedemos a internet, ¿cómo podemos evitar que accedan a nuestro ordenador o nos infectemos por un virus informático?

a) Con un antivirus es imposible infectarse.
b) Con un cortafuegos es imposible infectarse.
c) Con un antivirus y un cortafuegos, es imposible un ataque o una infección por virus.
d) Con un antivirus y un cortafuegos es menos probable que nos infectemos.

28. Los virus que dan acceso al creador para vulnerar nuestro sistema, ¿cómo se denominan?

a) Troyanos.
b) Worms.
c) Bombas de tiempo.
d) Nukes.

29. Uno de los elementos utilizados para prevenir accesos no autorizados se denomina:

a) Rúter.
b) Switch.
c) Firewall.
d) Storm.

30. La suplantación de páginas web para obtener datos de usuario, ¿cómo se denomina?

a) Robing.
b) Pishing.
c) Webing.
d) Sandbox.

31. ¿Cuál de las siguientes amenazas se considera lógica?

a) Puerta trasera.
b) Tormenta.
c) Terremoto.
d) Incendio.

32. Cualquier debilidad o brecha que exponga al sistema a una amenaza comprometiendo la integridad del mismo, ¿cómo se denomina?

a) Amenaza.
b) Vulnerabilidad.
c) Ataque.
d) Warm.

33. ¿Quién debe dar respuesta a las incidencias que ocurran en la red y es su responsabilidad garantizar la integridad y el buen estado de la misma?

a) El director general.
b) El técnico administrativo.
c) El administrador del sistema.
d) Nadie porque es algo imposible de prever.

34. Para salvaguardar la mayor cantidad de información posible ante una eventual caída de los sistemas se realizan periódicamente:

a) Controles de virus.
b) Cortes de señal.
c) Backups.
d) Ataque simulados.

35. La acción o suceso que compromete la seguridad del sistema, ¿cómo se denomina?

a) Vulnerabilidad.
b) Hole.
c) Fracking.
d) Amenaza.

Solución al test n.º 21

1. a) Sede electrónica.

2. c) Los documentos electrónicos.

3. a) La firma electrónica.

4. d) Todos los días del año durante las 24 horas.

5. d) El medio elegido por la persona para comunicarse con las Administraciones Públicas no puede ser modificado a lo largo del procedimiento.

6. b) Todo aquel que ostente la representación de un interesado.

7. b) La caducidad del registro.

8. d) Digitalización.

9. b) El inicio del cómputo de los plazos que hayan de cumplir las Administraciones Públicas vendrá determinado por la fecha y hora de presentación en el registro electrónico de cada Administración u Organismo.

10. c) Las Administraciones Públicas podrán establecer reglamentariamente la obligatoriedad de comunicarse con ellas utilizando sólo medios electrónicos.

11. c) Las que contengan medios de pago a favor de los obligados deberán efectuarse por medios electrónicos.

12. b) En el momento en que se produzca el acceso a su contenido.

13. d) Un índice de los documentos que contenga.

14. d) Oficial y auténtico.

15. a) Por partes.

16. a) Cualquier acto o actuación realizada íntegramente a través de medios electrónicos por una Administración Pública en el marco de un procedimiento administrativo y en la que no haya intervenido de forma directa un empleado público.

17. a) Identidad.

18. b) Firma electrónica avanzada.

19. a) El conjunto de principios y técnicas que se deben respetar al diseñar, construir, mantener y actualizar los servicios electrónicos para garantizar la igualdad y la no discriminación en el acceso de las personas usuarias.

20. c) Los certificados electrónicos de empleado público serán cualificados y se ajustarán a lo señalado en el Esquema Nacional de Interoperabilidad y la legislación vigente en materia de identidad y firma electrónica.

21. c) Reevaluación periódica.

22. b) Confidencialidad.

23. d) Anule efectivamente la capacidad de la organización para desarrollar eficazmente sus funciones y competencias.

24. b) 2 meses.

25. c) El titular de la competencia, sea de la misma o de diferente Administración.

26. a) Un sistema de seguridad que bloquea accesos no deseados.

27. d) Con un antivirus y un cortafuegos es menos probable que nos infectemos.

28. a) Troyanos.

29. c) Firewall.

30. b) Pishing.

31. a) Puerta trasera.

32. b) Vulnerabilidad.

33. c) El administrador del sistema.

34. c) Backups.

35. d) Amenaza.

TEST N.º 22

Sistema operativo Windows 10. Entorno gráfico: ventanas,
iconos y menús contextuales. El escritorio y sus elementos.
El Explorador de archivos. Ofimática con software libre:
LibreOffice 7.6.7.2. Writer, Calc, Base

Capítulo 1. Sistema operativo Windows 10

1. ¿Cuál de los siguientes no es un asistente personal de voz?

a) Siri.
b) Google Now.
c) Google Up.
d) Cortana.

2. Los archivos y carpetas borrados se guardan en la carpeta $Recycle.Bin, que está oculta como carpeta o archivo del sistema; ¿dónde está situada?

a) Se ubica en la unidad principal del sistema operativo.
b) En la carpeta \System\Temp\Recicle.
c) Está presente en todas las unidades de disco.
d) En la carpeta \System\Recicle.

3. En Windows 10 el botón restaurar permite:

a) Maximizar, es decir, ampliar el tamaño de la ventana a toda la pantalla.
b) Ampliar el tamaño de la ventana al 50 %.
c) Colocar el tamaño inicial de cuando fue abierta.
d) Volver la pantalla a su estado anterior.

4. En Windows 10, a la leyenda "Recientes, Frecuentes, Tareas o Más visitados" la denominamos:

a) Hello List.
b) Continuum List.
c) Jump List.
d) One List.

5. De los siguientes valores indica cuál no es una versión de Windows 10:

a) Continuum.
a) Home.
b) Enterprise.
c) Education.

6. Con respecto a la tienda de aplicaciones, podemos decir que:

a) Es una novedad.
b) Fue una novedad del Windows 8, pero se ha "relanzado" en el Windows 10.
c) Ha desaparecido en Windows 10.
d) Fue una novedad del Windows Mobile, pero se ha "relanzado" en Windows 10.

7. De las siguientes características, solo una pertenece al centro de actividades de Windows 10:

a) Tiene notificaciones del sistema.
b) Muestra exclusivamente notificaciones de Windows Defender.
c) Se visualiza directamente en la barra de tareas.
d) No muestra avisos del Windows Update.

8. El antivirus incorporado en Windows 10 se denomina Windows Defender pero anteriormente se denominaba:

a) Microsoft Visio.
b) Microsoft Firewall.
c) Microsoft AntiSpyware.
d) Microsoft Security SO.

9. ¿Cuál de las siguientes combinaciones abre la ventana "Ejecutar" en Windows 10?

a) Tecla del logotipo de Windows + F.
b) Tecla del logotipo de Windows + E.
c) Tecla del logotipo de Windows + R.
d) Tecla del logotipo de Windows + L.

10. En Windows 10, si queremos desplegar el panel de "inicio", ¿qué combinación de teclas usaremos?

a) Ctrl + Mayús + A.
b) Ctrl + Barra Espaciadora.
c) Ctrl + Alt + A.
d) Ctrl + Esc.

11. ¿Cuáles son las tres aplicaciones en Windows 10 para el manejo de los archivos multimedia?

a) Fotos, Música y Películas.
b) Fotos, Música y Movies.
c) Cortana, Música y Movies.
d) Fotos, Cortana y Movies.

12. Los iconos del escritorio se activan haciendo doble clic con el ratón o con el dedo en pantallas táctiles y pueden ser de tres tipos:

a) Programas, Carpetas y Accesos directos.
b) Programas, Carpetas y Aplicaciones.
c) Programas, Aplicaciones y Accesos directos.
d) Programas, Aplicaciones y Navegadores.

13. Si al usar la papelera de reciclaje nos encontramos con que no aparece en el escritorio de Windows 10, podremos activarla desde:

a) Configuración > Personalización > Temas > Configuración de iconos de escritorio.
b) Personalización > Configuración > Temas > Configuración de iconos de escritorio.
c) Personalización > Configuración > Iconos > Configuración de iconos de escritorio.
d) Configuración > Personalización > Iconos > Configuración de iconos de escritorio.

14. La combinación de teclas Windows + D:

a) Maximiza la ventana activa.
b) Restaura la ventana activa.
c) Minimiza todas las ventanas abiertas, y despeja el escritorio cuando se pulsa, y las restablecerá a su posición original al volverla a pulsar.
d) Despliega la configuración del sistema.

15. En la siguiente lista, ¿cuál de los siguientes elementos no concuerda con el resto?

a) Edge.
b) Explorer.
c) Chrome.
d) Firewall.

16. ¿Cuál de las siguientes no es una característica de Windows Defender?

a) Analizar capacidades similares a otros productos libres en el mercado e incluir un número de agentes de seguridad en tiempo real que vigilan varias áreas comunes de Windows para los cambios que pueden ser causados por el software espía.

b) Posibilidad de analizar las unidades de disco del sistema para encontrar unidades desfragmentadas que ocasionen lentitud y posibles errores de comunicación entre dispositivos locales y remotos.

c) Incluye la capacidad de eliminar fácilmente aplicaciones ActiveX instaladas en Internet Explorer.

d) Apoyo a la red de SpyNet de Microsoft, permitiéndole a los usuarios informar a Microsoft de posibles ataques de software espía, y que los controladores de dispositivos y aplicaciones pueden instalarse en sus computadores.

17. Microsoft Edge ha sustituido a Internet Explorer en Windows 10. Indica, de las siguientes características, cuál no es una de las que ha traído Edge:

a) Guía de Lectura.
b) Anotaciones en páginas.
c) Navegación virtual y anónima.
d) Vista de Lectura.

18. ¿Cuál de las siguientes aplicaciones de Windows 10 está relacionada con el almacenamiento?

a) Cortana.
b) OneDrive.
c) Edge.
d) Google Drive.

19. Las ventanas donde tenemos que tomar una decisión y escoger una de las opciones que presentan se llaman:

a) Cuadros de Decisión.
b) Cuadros de Diálogo.
c) Cuadros de Pregunta.
d) Cuadros de Elección.

20. Si hablamos de los accesos directos en Windows 10, podemos decir que estos se diferencian de un icono normal en que:

a) Tienen un recuadro blanco con una flecha negra en la parte inferior izquierda.
b) Tienen un recuadro blanco con una flecha negra en la parte superior izquierda.
c) Tienen un recuadro blanco con una flecha negra en la parte inferior derecha.
d) Tienen un recuadro blanco con una flecha negra en la parte superior derecha.

21. ¿Cuál de las siguientes opciones es FALSA con respecto al Administrador de Tareas de Windows 10?

a) El administrador de tareas tiene dos formas de verse el compacto o el detallado.
b) En la pestaña Planificación podemos dar de alta las tareas diarias en un planificador de calendario.
c) En la pestaña Inicio podemos visualizar los programas que se ejecutan al arrancar Windows 10.
d) Una de las funciones principales del administrador de tareas es la de monitorizar el rendimiento de tu ordenador.

22. ¿Cuál no es la función de Windows Update en Windows 10?

a) Administrar la configuración de las actualizaciones de Windows 10.
b) Este módulo puede funcionar, si lo configuramos para que funcione de manera automática.
c) Mantener la fecha y la hora de Windows actualizadas.
d) Sirve para tener todos nuestros drivers actualizados.

23. ¿Cuál es la combinación de teclado que abre el administrador de tareas?

a) Ctrl + Mayús + Tab.
b) Ctrl + Alt + Tab.
c) Ctrl + Mayús + Esc.
d) Ctrl + Alt + Tab.

24. Para abrir propiedades del sistema a través de Ejecutar o Línea de comandos:

a) Pulsamos la tecla de Windows y la de R juntas, y escribimos el comando "systm.cpl" y Enter.
b) Pulsamos la tecla de Windows y la de E juntas, y escribimos el comando "sysdm.cpl" y Enter.
c) Pulsamos la tecla de Windows y la de R juntas, y escribimos el comando "sysdm.cpl" y Enter.
d) Pulsamos la tecla de Windows y la de E juntas, y escribimos el comando "systd.cpl" y Enter.

25. El TPM es:

a) Una unidad de cifrado.
b) Un módulo de cifrado.
c) Un componente de software.
d) Un componente de hardware.

26. ¿Cuál es la principal diferencia entre las ediciones de Windows 10 Pro y Enterprise?

a) Ambas tienen las mismas características y están orientadas a usuarios sin requerimientos especiales.
b) La edición Pro está destinada a usuarios domésticos, mientras que Enterprise incluye características avanzadas para redes corporativas.
c) La edición Enterprise está destinada a usuarios domésticos y la Pro a empresas.
d) Ambas son idénticas en funcionalidades, pero Enterprise es más cara.

27. ¿Cuál es la función principal de la herramienta PowerShell en Windows 10?

a) Gestionar actualizaciones del sistema operativo.
b) Automatizar tareas administrativas mediante scripts.
c) Ejecutar programas y abrir documentos rápidamente.
d) Mejorar el rendimiento de la GPU.

28. ¿Qué hace la característica Continuum en Windows 10?

a) Mejora el rendimiento del sistema en dispositivos con baja capacidad de hardware.
b) Permite que el sistema operativo se adapte automáticamente a diferentes dispositivos y tamaños de pantalla.
c) Aumenta la seguridad del sistema mediante el cifrado de datos.
d) Facilita la instalación de actualizaciones críticas en segundo plano.

29. ¿Cómo se accede a las propiedades del sistema en Windows 10 a través del menú de contexto?

a) Haciendo clic derecho en la barra de tareas y seleccionando "Propiedades".
b) Haciendo clic derecho en "Este equipo" y seleccionando "Propiedades".
c) Haciendo clic derecho en el escritorio y seleccionando "Configuración".
d) Haciendo clic derecho en el botón de Inicio y seleccionando "Sistema".

30. ¿Cuál es la función principal del Centro de actividades en Windows 10?

a) Gestionar actualizaciones del sistema operativo.
b) Mostrar notificaciones del sistema y proporcionar accesos rápidos a configuraciones comunes.
c) Ejecutar aplicaciones en modo seguro.
d) Permitir la instalación de aplicaciones desde fuentes externas a la Tienda de Windows.

31. Queremos que al seleccionar un archivo de tipo .docx se muestre la información del autor y el número de páginas. Para ello, en el explorador de archivos de Windows, en la pestaña Vista, seleccionamos un tipo de panel. ¿Cuál es el adecuado?

a) Panel de detalles.
b) Panel de navegación.

c) Panel de vista previa.
d) Panel de información.

32. ¿Cuál es la combinación de teclas que hace que se abra una nueva ventana en el explorador de archivos?

a) Ctrl + N.
b) Ctrl + F.
c) Alt + N.
d) Alt + F.

33. ¿Cuál es la acción que realiza en el explorador de archivos la combinación de teclas Alt + Flecha arriba?

a) Ver la carpeta siguiente.
b) Ver la carpeta que contenía la carpeta seleccionada.
c) Ver la carpeta anterior.
d) Abrir el cuadro de diálogo Propiedades del elemento seleccionado.

34. En la frase: "Es posible que hayamos empezado a cortar un archivo y cambiemos de opinión y no queramos moverlo. No pasa nada, pulsamos la tecla _____ para indicar que no vamos a continuar". ¿A qué tecla se refiere?

a) Esc.
b) Tab.
c) Ctrl.
d) Alt + Shift.

35. ¿A cuánto equivalen 762 Kb?

a) 780.831 bits.
b) 780.831 Kbytes.
c) 780.831 Mbytes.
d) 780.831 bytes.

36. ¿Cuál es la combinación de teclas que hace que se seleccione la barra de direcciones en el explorador de archivos?

a) Ctrl + D.
b) Ctrl + F.
c) Alt + D.
d) Alt + E.

37. Desde un punto de restauración, ¿a cuál de los siguientes elementos, instalados después de crear el punto de restauración, no afecta la restauración del sistema Windows?

a) A las aplicaciones.
b) A los archivos personales.
c) A los controladores.
d) A las actualizaciones.

38. ¿Cuál de las siguientes opciones está compuesta en su totalidad por símbolos que no pueden usarse en el nombre de un archivo de Windows?

a) \ ?
b) @ ?
c) < $
d) < > &

39. ¿Qué combinación de teclas me permite volver a las carpetas anteriores en el historial del Explorador de archivos de Windows?

a) Alt + Flecha izquierda.
b) Ctrl + S.
c) Windows ⊞ + U.
d) Ctrl + Flecha izquierda.

40. En la opción "Este Equipo" del explorador de Windows, además de las carpetas por defecto, encontraré información de:

a) Conexiones de Red.
b) Unidades de disco.
c) Nuevos Elementos.
d) Carpetas favoritas.

41. En el Explorador de Windows 10:

a) Hay cinta de opciones, caja de direcciones y panel de navegación.
b) Hay cinta de opciones, caja de búsqueda y panel de direcciones.
c) Hay cinta de opciones, caja de navegación y panel de búsqueda.
d) Hay cinta de opciones, caja de búsqueda y panel de navegación.

42. Windows PowerShell:

a) Es la nueva ayuda en Windows 10.
b) Es el nuevo gestor de arranque del sistema.
c) Es una versión mejorada del intérprete de comandos DOS.
d) Es una forma de llamar al sistema operativo MSDos.

43. En Windows 10 queremos refrescar el contenido de la ventana activa. ¿Qué tecla o teclas de acceso rápido utilizaremos?

a) F5.
b) Ctr + X.
c) Alt + F4.
d) Ctrl + Alt + Tab.

44. ¿Cuál de los siguientes son todos modos de captura de la herramienta Recortes?

a) Forma libre, rectangular y circular.
b) Forma libre, ventana y línea.
c) Forma libre, circular y ventana.
d) Forma libre, rectangular y ventana.

45. Se puede retrasar la captura del recorte en la herramienta de Recortes. ¿Cuál es el intervalo de retraso que podemos usar?

a) De 1 a 3.
b) De 1 a 10.
c) De 1 a 5.
d) De 3 a 10.

46. ¿Cuál de los siguientes es un tipo de imagen que se puede abrir con Paint?

a) TIG.
b) JPEG.
c) TIF2.
d) ICA.

47. ¿Cuál de las siguientes no es un accesorio de Windows 10?

a) Notas Rápidas, grabadora de Sonidos y Word.
b) Notas Rápidas, Calculadora y WordPad.
c) Notas Rápidas, grabadora de Vídeos y Calculadora.
d) Notas Rápidas, grabadora de Sonidos y WordPad.

48. A nivel de fichas y secciones, podemos decir que la cinta de opciones del explorador de Windows 10 tiene:

a) Tres fichas y 4 secciones en la ficha Inicio.
b) Tres fichas y 5 secciones en la ficha Vista.
c) Tres fichas y 5 secciones en la ficha Inicio.
d) Dos fichas y 5 secciones en la ficha Inicio.

49. Para seleccionar varios elementos alternativos:

a) Mantenemos pulsada la tecla Shift y hacemos clic sobre los elementos.
b) Hacemos clic en el primero de los elementos y mantenemos pulsada la tecla Shift y hacemos clic sobre el último de los elementos.
c) Mantenemos pulsada la tecla Ctrl y hacemos clic sobre los elementos.
d) Hacemos clic en el primero de los elementos y mantenemos pulsada la tecla Ctrl y hacemos clic sobre el último de los elementos.

50. Para mover una carpeta lo que hacemos es:

a) Cortar y Mover.
b) Copiar y Pegar.
c) Mover y Pegar.
d) Cortar y Pegar.

51. En Windows 10 podemos crear una unidad de Red y para ello usamos la opción de "Conectar a unidad de red"; indica en qué pestaña está la opción:

a) Inicio.
b) Equipo.
c) Vista.
d) Compartir.

52. Podemos decir que la letra "A" en las unidades:

a) Está en desuso y solía ser para disqueteras.
b) Es para unidades extraíbles.
c) Depende de la existencia de unidad B.
d) Para grabadoras de DVD/CD.

53. En Windows 10, ¿los nombres de archivo tienen un máximo permitido?

a) No hay limitación de tamaño.
b) 255 letras.
c) 255 caracteres.
d) 255 bits.

54. En Windows 10 queremos mostrar el cuadro de diálogo de las propiedades del elemento seleccionado. ¿Qué tecla o teclas de acceso rápido utilizaremos?

a) Alt + Tab.
b) Ctrl + Enter.
c) Alt + Enter.
d) Ctrl + Alt + Tab.

55. Si queremos abrir una ventana nueva del Explorador de Windows sin tener en cuenta que haya otras abiertas, ¿qué combinación de teclas se usa?

a) Ctrl + L.
b) Mayus + E.
c) Windows ⊞ + L.
d) Windows ⊞ + E.

56. En Windows 10 queremos ver alguna información sobre el computador, como el nombre del PC, la edición de Windows instalada, o la cantidad de RAM instalada. Dentro de la configuración sistema, ¿qué opción elegiremos?

a) Aplicaciones y Características.
b) Almacenamiento.
d) Notificaciones y Acciones.
c) Acerca de…

57. Los dispositivos que se conectan mediante las entradas que permiten los conectores USB, necesitan, antes de retirarlos del equipo, cerrar todos los procesos que tienen acceso a sus archivos. Para la extracción segura de dispositivos USB se usa la función de:

a) Extracción segura.
b) Extracción USB.
c) Desconexión segura.
d) Desconexión USB.

58. En Windows 10 tenemos una aplicación muy sencilla de configurar que tiene por gran virtud simplificar el trabajo con el escáner físico tradicional, ya que permite escanear y enviar imágenes de documentos a otro fax o a una dirección de correo electrónico. ¿Cuál es su nombre?

a) Impresoras y escáneres.
b) Windows Fax.
c) Windows Scanner.
d) Fax y Escáner.

59. ¿Por qué cantidad de bits está formado un byte?

a) Por 16.
b) Por 8.
c) Por 2.
d) Por 32.

60. ¿Qué unidad de medida sería la más correcta para referirnos a discos duros considerados "grandes"?

a) Petabyte.
b) Terabyte.

c) Megabyte.
d) Kilobyte.

61. ¿Cuál de las siguientes opciones indica una menor cantidad de bytes?

a) 1 Kilobyte (KB).
b) 1 Terabyte (TB).
c) 1 Exabyte (EB).
d) 1 Petabyte (PB).

62. ¿Cuál de las siguientes opciones no es una opción correcta que aparecen en la consulta avanzada de la Fecha de modificación?

a) Esta semana.
b) Este mes.
c) Ayer.
d) Año actual.

63. ¿Cuál de las siguientes afirmaciones referidas a un acceso directo de Windows es verdadera?

a) Es posible crear accesos directos a ficheros, que se abren utilizando el programa asociado a su extensión, pero no es posible crear accesos directos a carpetas.
b) Es posible crear accesos directos a carpetas y ficheros. Si el enlace es a un fichero, se abrirá utilizando el programa asociado a su extensión.
c) Es posible crear accesos directos a carpetas en local y en OneDrive, pero no a ficheros de ningún tipo.
d) Es posible crear accesos directos a carpetas y ficheros pero, en el caso de los ficheros, no se ejecuta la aplicación asociada a su extensión, sino que se abren en el Explorador de archivos.

64. Desde el Explorador de archivos de Windows 10 abrimos las propiedades de un elemento. ¿En qué pestaña visualizamos los permisos de usuario sobre el objeto?

a) Detalles
b) General.
c) Seguridad.
d) Versiones anteriores.

65. ¿Cuál de las siguientes opciones no es una opción correcta que aparecen en la consulta avanzada de Tamaño?

a) Vacío.
b) Minúsculo.
c) Muy Grande.
d) Enorme.

Capítulo 2. LibreOffice 7.6.7.2.: Writer

1. Para moverse al inicio del documento con el teclado, ¿qué debe pulsar?

a) RePág.
b) Inicio.
c) Ctrl + Inicio.
d) Alt + Inicio.

2. Para seleccionar todo el documento, ¿qué tecla debe pulsar?

a) Ctrl + E.
b) Ctrl + C.
c) Ctrl + V.
d) Ctrl + X.

3. ¿Qué tecla debe mantener pulsada para seleccionar junto con las teclas de desplazamiento (arriba, abajo, izquierda y derecha)?

a) Ctrl.
b) Enter.
c) Alt.
d) Shift.

4. Para cortar un texto ya seleccionado, ¿qué combinación de teclas tiene que pulsar?

a) Ctrl + X.
b) Ctrl + C.
c) Ctrl + V.
d) Ctrl + E.

5. Para guardar los cambios realizados, ¿qué combinación de teclas tiene que pulsar?

a) Ctrl + C.
b) Ctrl + V.
c) Ctrl + E.
d) Ctrl + G.

6. Para poner en negrita un texto seleccionado, ¿qué combinación de teclas debe pulsar?

a) Ctrl + C.
b) Ctrl + N.

c) Ctrl + E.
d) Ctrl + U.

7. Para que se enumeren correctamente las páginas de un documento, ¿dónde debe insertar el número de página?

a) En la primera línea del documento.
b) En el encabezado.
c) En el pie de página.
d) En el pie de página o en el encabezado.

8. ¿Qué tecla debe pulsar para moverse por las tabulaciones?

a) Inicio.
b) TAB.
c) Fin.
d) Alt.

9. ¿Qué combinación de teclas usaría para buscar y reemplazar una palabra?

a) Ctrl + C.
b) Ctrl + B.
c) Ctrl + E.
d) Ctrl + Z.

10. ¿Qué combinación de teclas usaría para deshacer un cambio?

a) Ctrl + C.
b) Ctrl + B.
c) Ctrl + E.
d) Ctrl + Z.

11. Si pulsa sobre este icono , **¿qué acción realiza?**

a) Guardar el documento.
b) Cerrar el documento.
c) Abrir un documento.
d) Crear un documento.

12. Si pulsa sobre este icono , **qué acción se ejecuta:**

a) Cortar.
b) Pegar.
c) Abrir documento.
d) Copiar.

13. Este icono ☰ **, ¿qué hace?**

a) Justifica el texto a la derecha.
b) Justifica el texto a la izquierda.
c) Justifica el texto el centro.
d) Inserta una imagen de texto.

14. Una tabla de 4x3, ¿qué significa?

a) Tiene 4 filas y 3 columnas.
b) Tiene 3 filas y 4 columnas.
c) Tiene 12 filas.
d) Ninguna de las anteriores es correcta.

15. ¿Qué combinación de teclas imprime el documento?

a) Ctrl + P.
b) Ctrl + B.
c) Ctrl + E.
d) Ctrl + Z.

16. ¿Qué tipo de anclaje de figura provoca que la figura insertada en el documento se coloque en centro de la línea de texto?

a) Al párrafo.
b) Como carácter.
c) A la página.
d) Ninguna de las anteriores.

17. Si pulsa este icono ☰ **, ¿qué acción realiza?**

a) Numeración de un párrafo.
b) Introduce viñetas al párrafo.
c) Justificación a la izquierda.
d) Justificación a la derecha.

18. Si pulsa este icono C **, ¿qué acción realiza?**

a) Letra negrita.
b) Letra Times New Roman.
c) Cambiar el tamaño de la letra.
d) Letra en cursiva.

19. Para cambiar el idioma de Writer, ¿en qué menú debemos buscar esta opción?

a) Archivo.
b) Edición.
c) Herramientas.
d) Ayuda.

20. La combinación de teclas Ctrl + AvPág, ¿dónde sitúa el cursor?

a) Al inicio del documento.
b) Al principio de la página siguiente.
c) Al inicio del párrafo.
d) Al inicio de la palabra anterior.

21. Combinar correspondencia se utiliza cuando:

a) Hay que combinar texto y gráficos en un mismo documento.
b) Para tener el control del correo electrónico con el Writer.
c) Escribir un mismo texto para distintas personas.
d) Ninguna de las respuestas anteriores es correcta.

22. El asistente para combinar correspondencia se encuentra en el menú:

a) Archivo.
b) Editar.
c) Insertar.
d) Herramientas.

23. En el primer paso del asistente para combinar correspondencia hay que:

a) Especificar los destinatarios.
b) Seleccionar el tipo de documento (carta, correo electrónicos…).
c) Indicar el documento maestro.
d) Firmar el documento.

24. En el segundo paso del asistente para combinar correspondencia hay que:

a) Especificar los destinatarios.
b) Seleccionar el tipo de documento (carta, correo electrónicos…).
c) Indicar el documento maestro.
d) Firmar el documento.

25. En el tercer paso del asistente para combinar correspondencia hay que:

a) Especificar los destinatarios.
b) Seleccionar el tipo de documento (carta, correo electrónicos…).

c) Indicar el documento maestro.
d) Firmar documento.

26. En el cuarto paso del asistente para combinar correspondencia hay que:

a) Especificar los destinatarios.
b) Seleccionar el tipo de documento (carta, correo electrónicos...).
c) Indicar el documento maestro.
d) Indicar un saludo.

27. En el quinto paso del asistente para combinar correspondencia se puede:

a) Especificar los destinatarios.
b) Seleccionar el tipo de documento (carta, correo electrónicos...).
c) Indicar el documento maestro.
d) Cambiar el diseño.

28. En último paso del asistente para combinar correspondencia hay que:

a) Especificar los destinatarios.
b) Seleccionar el tipo de documento (carta, correo electrónicos...).
c) Guardar o imprimir el documento.
d) Indicar el saludo.

29. ¿En qué menú se encuentran las listas y esquemas?

a) Archivo.
b) Editar.
c) Formato.
d) Herramientas.

30. La numeración de distintos niveles se especifica en la pestaña:

a) Viñetas.
b) Personalizar.
c) Listas.
d) Posición.

31. El icono de la barra de herramientas:

a) Disminuye el nivel de la numeración.
b) Aumenta el nivel de la numeración.
c) Alineación a la derecha.
d) Ninguna de las respuestas anteriores es correcta.

32. ¿En qué pestaña se pueden especificar las características de todos los niveles de numeración?

a) Viñetas.
b) Esquemas.
c) Personalizar.
d) Tipo de numeración.

33. ¿En qué menú hay que dirigirse si se desea introducir en el documento una imagen guardada en el disco duro?

a) Archivo.
b) Insertar.
c) Editar.
d) Herramientas.

34. Para cambiar la posición de la imagen insertada con respecto al texto, hay que pinchar con el botón derecho del ratón sobre ella y seleccionar en:

a) Alineación.
b) Posición.
c) Ajuste.
d) Ancla.

35. Para poner la imagen insertada al frente, hay que pinchar con el botón derecho del ratón sobre ella y, seleccionar en:

a) Alineación.
b) Mover.
c) Organizar.
d) Ancla.

36. Para cambiar cualquier propiedad de la imagen insertada al frente, hay que pinchar con el botón derecho del ratón sobre ella y seleccionar en:

a) Imagen.
b) Mover.
c) Propiedades.
d) Ancla.

37. Para visualizar la barra de herramientas de dibujo hay que dirigirse al menú:

a) Archivo.
b) Ver.
c) Insertar.
d) Ayuda.

38. Las formas básicas (triángulo, cuadrado…) se pueden insertar si entramos en el menú insertar y en el submenú:

a) Forma.
b) Objeto.
c) Diagrama.
d) Multimedia.

39. Un gráfico se puede insertar si entramos en el menú insertar y en el submenú:

a) Forma.
b) Dibujo.
c) Diagrama.
d) Multimedia.

40. Para que una imagen insertada se enumere automáticamente la forma más fácil es:

a) Utilizar una lista.
b) Insertar una leyenda pulsando con el botón derecho del ratón sobre ella.
c) Utilizar una viñeta.
d) Utilizar un esquema.

41. Para personalizar la barra de menús hay que irse al menú:

a) Archivo.
b) Editar.
c) Herramientas.
d) Ayuda.

42. Dentro del submenú personalizar del menú herramientas, ¿en qué pestaña se puede crear un nuevo menú?

a) Menús.
b) Sucesos.
c) Barra de herramientas.
d) Opciones.

43. Para crear un submenú en un menú creado, estando en la pestaña menús hay que seleccionar el menú y pulsar el botón:

a) Nuevo.
b) Modificar.
c) Menú.
d) Opciones.

44. Para añadir una funcionalidad (por ejemplo, poner el texto en negrita) a un menú creado, estando en la pestaña menús hay que seleccionar el menú y pulsar el botón:

a) Nuevo.
b) Modificar.
c) Opciones.
d) Añadir.

45. Para cambiar el nombre menú de la barra de menús, estando en la pestaña menús hay que seleccionar el menú y pulsar el botón:

a) Nuevo.
b) Modificar.
c) Menú.
d) Añadir.

46. Para personalizar las combinaciones de teclas para que haga una acción en el texto, hay que irse al menú:

a) Archivo.
b) Editar.
c) Herramientas.
d) Opciones.

47. Para personalizar las combinaciones de teclas para que haga una acción en el texto, estando en el menú Herramientas>>Personalizar, hay que seleccionar la pestaña:

a) Opciones.
b) Teclado.
c) Menús.
d) Combinaciones.

48. Las funciones de la Barra de herramientas se pueden configurar para que:

a) Solo se muestren los iconos de la función.
b) Solo se muestren los textos de la función.
c) Se muestren los iconos y los textos de la función.
d) Todas las respuestas anteriores son correctas.

49. Estando en el menú Herramientas>>Opciones, ¿dónde hay que pinchar para cambiar las unidades de medidas del Writer?

a) LibreOffice Writer>>General.
b) LibreOffice Writer>>Ver.

c) LibreOffice Writer>>Cambios.
d) LibreOffice Writer>>Usuario.

50. Si se desea exportar el documento del Writer a pdf hay que irse al menú:

a) Archivo.
b) Editar.
c) Herramientas.
d) Ayuda.

51. Si se desea ver la vista preliminar antes de imprimir el documento del Writer hay que irse al menú:

a) Ver.
b) Edición.
c) Archivo.
d) Herramientas.

52. Para buscar y reemplazar una palabra en un documento del Writer hay que dirigirse al menú:

a) Archivo.
b) Editar.
c) Herramientas.
d) Ayuda.

53. Para deshacer un cambio en el documento del Writer hay que dirigirse al menú:

a) Archivo.
b) Herramientas.
c) Editar.
d) Ayuda.

54. Si quiere crear un índice ¿a qué menú se tiene que dirigir?

a) Archivo.
b) Editar.
c) Herramientas.
d) Insertar.

55. Si desea que aparezcan los encabezados del documento, ¿a qué menú se tiene que ir?

a) Archivo.
b) Insertar.
c) Herramientas.
d) Ver.

56. Para configurar la página del documento ¿a qué menú tiene que irse?

a) Formato.
b) Insertar.
c) Herramientas.
d) Ver.

57. Si desea crear una viñeta en el texto ¿a qué menú tiene que dirigirse?

a) Insertar.
b) Formato.
c) Herramientas.
d) Archivo.

58. Para crear una tabla, hay que ir al menú:

a) Archivo.
b) Insertar.
c) Formato.
d) Tabla.

59. Para comprobar la ortografía, hay que dirigirse al menú:

a) Insertar.
b) Formato.
c) Herramientas.
d) Archivo.

60. ¿Para ver qué versión del Writer se tiene que dirigir al menú?

a) Insertar.
b) Formato.
c) Herramientas.
d) Ayuda.

Capítulo 3. LibreOffice 7.6.7.2.: Calc

1. La celda de la fila 2 y columna B, ¿cómo se referencia?

a) 2B.
b) B2.
c) Las dos opciones primeras son correctas.
d) Las dos opciones primeras son falsas.

2. ¿Cómo se referencia el rango que va de la celda A1 hasta la celda A10?

a) 1A:10A.
b) A10:A1.
c) A1:A10.
d) A1, A10.

3. ¿Cuántas columnas tiene una hoja de cálculo?

a) 3 por defecto.
b) Las que se ven en pantalla.
c) 65.635.
d) 1024.

4. Si pulsa Ctrl + Fin, ¿hacia dónde le lleva el cursor?

a) A la última fila.
b) A la última columna.
c) A la celda de la última columna y última fila que tenga datos.
d) A la celda de la última columna y última fila.

5. Por defecto, si ve un 1 en una celda, ¿cómo sabrá si se trata del número 1 o del carácter 1?

a) Si está alineado a la derecha es el número, si no, será el carácter 1.
b) Si está alineado a la izquierda es el número, si no, será el carácter 1.
c) Si está alineado en el centro es el número 1, si no, será el carácter 1.
d) Si está en cursiva es el número 1, si no, será el carácter 1.

6. Si desea hacer la secuencia 1, 2, 3, 4, 5… Primero deberá introducir el 1 en una celda, seleccionar la esquina inferior derecha y arrastrar con el ratón manteniendo pulsada la tecla:

a) Ctrl.
b) ALT.
c) SHIFT.
d) No es necesario mantener ninguna tecla pulsada.

7. Si desea repetir el valor 1 varias veces: primero deberá introducir el 1 en una celda, seleccionar la esquina inferior derecha y arrastrar con el ratón manteniendo pulsada la tecla:

a) Ctrl.
b) ALT.
c) SHFT.
d) Ninguna tecla.

8. Por defecto, si introduce 1,2 en una celda, ¿qué valor será tomado por la hoja de cálculo?

a) 12.
b) 1.200.
c) Uno como entero y 2 como parte decimal (uno con dos).
d) 0,12.

9. Antes de introducir una fórmula, ¿qué carácter debe escribir?

a) .
b) ,
c) =
d) Espacio en blanco.

10. Para poner 3 elevado a 3, ¿qué pondría en la celda?

a) 3*3.
b) 3+3.
c) 3`3.
d) 3^3.

11. Para modificar el valor de una celda seleccionada hay que pulsar la tecla:

a) F1.
b) F2.
c) F3.
d) F4.

12. Para restaurar los cambios realizados en una celda:

a) Ctrl+U.
b) Ctrl+D.
c) Ctrl+Z
d) Ctrl+Y.

13. La operación de dividir el contenido de dos celdas de tipo numérico se realiza con:

a) %.
b) DIVIDE.
c) /.
d) D.

14. La operación de multiplicar el contenido de dos celdas de tipo numérico se realiza con:

a) *.
b) x.
c) MULTIPLIQUE.
d) %.

15. Si pulsa este icono **sobre una celda de tipo texto, ¿qué ocurrirá?**

a) Subraya el contenido.
b) Puede cambiar el tipo de letra.
c) Puede cambiar el color de la letra.
d) Puede cambiar el tamaño de la letra.

16. La combinación de teclas CTRL + FIN, ¿dónde lleva el cursor?

a) Al final del libro.
b) Al final de la hoja de cálculo
c) A la celda última que tiene datos.
d) Al última celda de una fórmula.

17. ¿Cómo se indica la parte decimal de un número?

a) Con un punto (.).
b) Con un asterisco (*).
c) Con un guión (-).
d) Con una coma (,).

18. La tecla %, ¿qué operador es?

a) La división.
b) Se obtiene el porcentaje.
c) Se obtiene el cociente de una división.
d) Se obtiene el resto de una división.

19. Si ponemos en una celda 1/4, ¿qué valor es?

a) 0,25.
b) 0,2.
c) 0,3.
d) 1 de abril

20. Si ponemos en una celda =1/4, ¿qué valor es?

a) 0,25.
b) 0,2.
c) 0,3.
d) 1 de abril.

21. El asistente para gráficos de Calc se encuentra en el menú:

a) Archivo.
b) Editar.
c) Insertar.
d) Herramientas.

22. El primer paso del asistente de gráficos consiste en:

a) Introducir los datos del gráfico.
b) Elegir el tipo del gráfico.
c) Escribir el nombre de los ejes del gráfico.
d) Escribir el nombre del gráfico.

23. El segundo paso del asistente de gráfico consiste en:

a) Introducir los datos del gráfico.
b) Elegir el tipo del gráfico.
c) Escribir el nombre de los ejes del gráfico.
d) Escribir el nombre del gráfico.

24. El título del gráfico se especifica en el paso del asistente:

a) Primero.
b) Segundo.
c) Tercero.
d) Cuarto.

25. Una vez creado el gráfico con el asistente se pueden modificar las características de este pulsando con el botón derecho del ratón y eligiendo la opción:

a) Opciones.
b) Propiedades.
c) Editar.
d) Ninguna de las respuestas anteriores es correcta.

26. Para realizar un gráfico de barras los pasos del asistente de gráfico son:

a) Similares para el gráfico de columnas.
b) No se puede realizar con el asistente.
c) No existe en Calc.
d) Ninguna de las respuestas anteriores es correcta.

27. El único tipo de columnas que se puede realizar en 3 dimensiones es:

a) El de columnas.
b) El de barras.
c) El circular.
d) Todos los tipos de gráficos pueden ser de 3 dimensiones.

28. El tipo de gráfico apropiado para representar los tantos por ciento de un total como en las elecciones es:

a) El tipo de barras.
b) El tipo círculo.
c) El tipo de columnas.
d) El tipo x-y.

29. El tipo de gráfico apropiado para representar funciones matemáticas es:

a) El tipo de barras.
b) El tipo círculo.
c) El tipo de columnas.
d) El tipo x-y.

30. Las filas de unas tablas de datos se denominan:

a) Registros.
b) Campos.
c) Lista.
d) Viñeta.

31. Las columnas de unas tablas de datos se denominan:

a) Registros.
b) Campos.
c) Lista.
d) Viñeta.

32. Para ordenar los datos de una tabla hay que irse al menú:

a) Archivo.
b) Editar.
c) Insertar.
d) Datos.

33. ¿Hasta cuántos criterios de ordenación a la vez ofrece Calc?

a) 1.
b) 2.
c) 3.
d) 4.

34. Para filtrar los datos de una tabla hay que irse al menú:

a) Archivo.
b) Editar.
c) Insertar.
d) Datos.

35. El criterio para el filtrado de una tabla va referenciado a:

a) Una fila.
b) Una columna.
c) A una fila y a una columna.
d) Al título de la tabla.

36. Para mostrar los registros de una tabla que cumplan todos los criterios de filtrado hay que utilizar el operador:

a) O.
b) Y.
c) E.
d) +.

37. Para mostrar los registros de una tabla que cumplan al menos un criterio de filtrado hay que utilizar el operador:

a) O.
b) Y.
c) E.
d) +.

38. Para introducir los datos de una tabla con formularios hay que irse al menú:

a) Archivo.
b) Editar.
c) Insertar.
d) Datos.

39. Con un formulario se puede:

a) Solo introducir los datos de un registro.
b) Solo introducir y borrar registros.
c) Introducir, borrar registros y moverse por los registros.
d) No se pueden modificar los datos de los registros.

40. La forma más fácil para introducir los datos en el asistente de gráficos es:

a) No se pueden seleccionar los datos en el asistente.
b) Seleccionándolos con el ratón en el paso 3 del asistente.
c) Solo se pueden introducir los datos con el teclado.
d) Ninguna de las respuestas anteriores es correcta.

41. Si en una opción de un menú hay una flecha indica que:

a) Está inactivo.
b) Tiene un submenú.
c) Está habilitado.
d) Los ha creado el usuario.

42. Si queremos utilizar una plantilla para crear una hoja de cálculo, hay que dirigirse al menú:

a) Archivo.
b) Editar.
c) Opciones.
d) Herramientas.

43. Para guardar una hoja de cálculo hay que dirigirse al menú:

a) Editar.
b) Archivo.
c) Opciones.
d) Herramientas.

44. Para el seguimiento de cambio de una hoja de cálculo, hay que dirigirse al menú:

a) Editar.
b) Archivo.
c) Opciones.
d) Herramientas.

45. Para seleccionar todos los datos de una hoja de cálculo, hay que dirigirse al menú:

a) Editar.
b) Archivo.
c) Opciones.
d) Herramientas.

46. Para combinar dos hojas de cálculo, hay que dirigirse al menú:

a) Insertar
b) Ayuda
c) Editar.
d) Herramientas.

47. Si no está la barra de fórmulas en una hoja de cálculo, para que aparezca hay que dirigirse al menú:

a) Editar.
b) Archivo.
c) Ver.
d) Configuración.

48. Para ampliar o reducir el zoom en una hoja de cálculo, hay que dirigirse al menú:

a) Editar.
b) Archivo.
c) Opciones.
d) Ver.

49. Para escribir un símbolo especial como Ω en una hoja de cálculo, hay que dirigirse al menú:

a) Editar.
b) Archivo.
c) Opciones.
d) Insertar.

50. Para escribir en un encabezado en una hoja de cálculo, hay que dirigirse al menú:

a) Insertar.
b) Archivo.
c) Opciones.
d) Herramientas.

51. Para escribir un cuadro de texto en una hoja de cálculo, hay que dirigirse al menú:

a) Editar.
b) Archivo.
c) Insertar.
d) Herramientas.

52. Para aplicar seleccionar los estilos en una hoja de cálculo, hay que dirigirse al menú:

a) Editar.
b) Archivo.
c) Opciones.
d) Formato.

53. Para dar formato a las celdas en una hoja de cálculo, hay que dirigirse al menú:

a) Formato.
b) Archivo.
c) Opciones.
d) Herramientas.

54. Para insertar filas en una hoja de cálculo, hay que dirigirse al menú:

a) Editar.
b) Archivo.
c) Insertar.
d) Hoja.

55. Para cambiar el color de una pestaña de una hoja de cálculo, hay que dirigirse al menú:

a) Editar.
b) Archivo.
c) Hoja.
d) Herramientas.

56. Para seleccionar filtros en una hoja de cálculo, hay que dirigirse al menú:

a) Editar.
b) Archivo.
c) Datos.
d) Herramientas.

57. Para proteger una hoja de cálculo, hay que dirigirse al menú:

a) Editar.
b) Archivo.
c) Opciones.
d) Herramientas.

58. Para compartir un libro de una hoja de cálculo, hay que dirigirse al menú:

a) Editar.
b) Archivo.
c) Opciones.
d) Herramientas.

59. Para conocer la versión de Calc, se puede consultar en:

a) Editar.
b) Archivo.
c) Ayuda.
d) Herramientas.

60. Para cambiar de documento actual debe dirigirse al menú:

a) Editar.
b) Archivo.
c) Ventana.
d) Herramientas.

Capítulo 4. LibreOffice 7.6.7.2.: Base

1. En una tabla, el campo que tiene que tener siempre se denomina:

a) Llave primitiva.
b) Llave primaria.
c) Llave principal.
d) Llave óptima.

2. ¿En qué casos la llave primaria puede estar sin valor?

a) Cuando es de tipo Integer.
b) En ningún caso.
c) Cuando es de tipo fecha.
d) Cuando es de tipo Numeric.

3. En el tipo Integer, ¿hasta cuántos dígitos puede tener el dato?

a) Hasta 4.
b) Hasta 5.
c) Hasta 6.
d) Hasta 10.

4. En el tipo VARCHAR, ¿hasta cuántos caracteres se pueden escribir en el campo?

a) Hasta 256.
b) Hasta 1024.
c) Hasta 32700.
d) Hasta 2040.

5. En la tabla Libro que tiene los siguientes atributos: Autor/a, ISBN, Título, Año, ¿cuál de los atributos pondrías como llave primaria?

a) Autor/a.
b) ISBN.
c) Año.
d) Título.

6. El lugar donde se guarda información acerca de un grupo de cosas con las mismas características, en una base de datos, se denomina:

a) Formularios.
b) Tablas.
c) Informes.
d) Consultas.

7. Las solicitudes de información a la base de datos se denominan:

a) Formularios
b) Tablas.
c) Informes.
d) Consultas.

8. Los interfaces que facilitan al usuario la introducción y visualización de datos en la base de datos se denominan:

a) Formularios.
b) Tablas.
c) Informes.
d) Consultas.

9. La representación de cómo se imprimirían los datos de una base de datos se denominan:

a) Formularios.
b) Tablas.
c) Informes.
d) Consultas.

10. ¿En qué menú se encuentran las relaciones de las tablas?

a) En Archivo.
b) En Editar.
c) En Ayuda.
d) En Herramientas.

11. El campo "¿Es español?" es de tipo:

a) Boolean.
b) Numeric.
c) Texto.
d) Integer.

12. ¿Por qué no puede ser el campo estatura (en centímetros) de tipo Tyni Integer?

a) Porque los tipos numéricos son siempre de tipo numeric.
b) Porque el número máximo es 127, por tanto, no se pueden guardar estaturas mayores a 127 centímetros.
c) Sí se puede guardar sin problemas porque es de tipo numérico.
d) Porque no existe ese tipo en Base.

13. ¿Un campo de la tabla puede estar vacío?

a) Nunca.
b) Sí, si el tipo es numeric.
c) Sí, si el tipo es Integer.
d) No, si se ha marcado entrada requerida en las propiedades del campo.

14. ¿Cuántos criterios distintos se pueden establecer en un filtro?

a) 1.
b) 2.
c) 3.
d) 4.

15. En un filtro, los tipos de los campos en los criterios tienen que ser:

a) Numeric.
b) Integer.
c) Char.
d) Cualquiera de los tipos anteriores.

Solución al test n.º 22

Capítulo 1

1. c) Google Up.

2. c) Está presente en todas las unidades de disco.

3. d) Volver la pantalla a su estado anterior.

4. c) Jump List.

5. a) Continuum.

6. b) Fue una novedad del Windows 8, pero se ha "relanzado" en el Windows 10.

7. a) Tiene notificaciones del sistema.

8. c) Microsoft AntiSpyware.

9. c) Tecla del logotipo de Windows + R.

10. d) Ctrl + Esc.

11. a) Fotos, Música y Películas.

12. a) Programas, Carpetas y Accesos directos.

13. a) Configuración > Personalización > Temas > Configuración de iconos de escritorio.

14. c) Minimiza todas las ventanas abiertas, y despeja el escritorio cuando se pulsa, y las restablecerá a su posición original al volverla a pulsar.

15. d) Firewall.

16. b) Posibilidad de analizar las unidades de disco del sistema para encontrar unidades desfragmentadas que ocasionen lentitud y posibles errores de comunicación entre dispositivos locales y remotos.

17. c) Navegación virtual y anónima.

18. b) OneDrive.

19. b) Cuadros de Diálogo.

20. a) Tienen un recuadro blanco con una flecha negra en la parte inferior izquierda.

21. b) En la pestaña Planificación podemos dar de alta las tareas diarias en un planificador de calendario.

22. c) Mantener la fecha y la hora de Windows actualizadas.

23. c) Ctrl + Mayús + Esc.

24. c) Pulsamos la tecla de Windows +la de R juntas, y escribimos el comando "sysdm.cpl" y Enter.

25. d) Un componente de hardware.

26. b) La edición Pro está destinada a usuarios domésticos, mientras que Enterprise incluye características avanzadas para redes corporativas.

27. b) Automatizar tareas administrativas mediante scripts.

28. b) Permite que el sistema operativo se adapte automáticamente a diferentes dispositivos y tamaños de pantalla.

29. b) Haciendo clic derecho en "Este equipo" y seleccionando "Propiedades".

30. b) Mostrar notificaciones del sistema y proporcionar accesos rápidos a configuraciones comunes.

31. a) Panel de detalles.

32. a) Ctrl + N.

33. b) Ver la carpeta que contenía la carpeta seleccionada.

34. a) Esc.

35. d) 780.831 bytes.

36. c) Alt + D.

37. b) A los archivos personales.

38. a) \ ?

39. a) Alt + Flecha izquierda.

40. b) Unidades de disco.

41. d) Hay cinta de opciones, caja de búsqueda y panel de navegación.

42. c) Es una versión mejorada del intérprete de comandos DOS.

43. a) F5.

44. d) Forma libre, rectangular y ventana.

45. c) De 1 a 5.

46. b) JPEG.

47. a) Notas Rápidas, grabadora de Sonidos y Word.

48. c) Tres fichas y 5 secciones en la ficha Inicio.

49. c) Mantenemos pulsada la tecla Ctrl y hacemos clic sobre los elementos.

50. d) Cortar y Pegar.

51. b) Equipo

52. a) Está en desuso y solía ser para disqueteras.

53. c) 255 caracteres.

54. c) Alt + Enter.

55. d) Windows ⊞ + E.

56. c) Acerca de…

57. c) Desconexión segura.

58. d) Fax y escáner.

59. b) Por 8.

60. b) Terabyte.

61. a) 1 Kilobyte (KB).

62. d) Año actual.

63. b) Es posible crear accesos directos a carpetas y ficheros. Si el enlace es a un fichero, se abrirá utilizando el programa asociado a su extensión.

64. c) Seguridad.

65. c) Muy Grande.

Capítulo 2

1. c) Ctrl + Inicio.

2. a) Ctrl + E.

3. d) Shift.

4. a) Ctrl + X.

5. d) Ctrl + G.

6. b) Ctrl + N.

7. d) En el pie de página o en el encabezado.

8. b) TAB.

9. b) Ctrl + B.

10. d) Ctrl + Z.

11. c) Abrir un documento.

12. d) Copiar.

13. a) Justifica el texto a la derecha.

14. b) Tiene 3 filas y 4 columnas.

15. a) Ctrl + P.

16. a) Al párrafo.

17. b) Introduce viñetas al párrafo.

18. d) Letra en cursiva.

19. c) Herramientas.

20. b) Al principio de la página siguiente.

21. c) Escribir un mismo texto para distintas personas.

22. d) Herramientas.

23. c) Indicar el documento maestro.

24. b) Seleccionar el tipo de documento (carta, correo electrónicos…).

25. a) Especificar los destinatarios.

26. d) Indicar un saludo.

27. d) Cambiar el diseño.

28. c) Guardar o imprimir el documento.

29. c) Formato.

30. b) Personalizar.

31. a) Disminuye el nivel de la numeración.

32. c) Personalizar.

33. b) Insertar.

34. c) Ajuste.

35. c) Organizar.

36. a) Imagen.

37. b) Ver.

38. a) Forma.

39. c) Diagrama.

40. b) Insertar una leyenda pulsando con el botón derecho del ratón sobre ella.

41. c) Herramientas.

42. a) Menús.

43. b) Modificar.

44. d) Añadir.

45. b) Modificar.

46. c) Herramientas.

47. b) Teclado.

48. d) Todas las respuestas anteriores son correctas.

49. a) LibreOffice Writer>>General.

50. a) Archivo.

51. c) Archivo.

52. b) Editar.

53. c) Editar.

54. d) Insertar.

55. b) Formato>>página.

56. a) Formato.

57. b) Formato.

58. d) Tabla.

59. c) Herramientas.

60. d) Ayuda.

Capítulo 3

1. b) B2.

2. c) A1:A10.

3. d) 1024.

4. c) A la celda de la última columna y última fila que tenga datos.

5. a) Si está alineado a la derecha es el número, si no, será el carácter 1.

6. d) No es necesario mantener ninguna tecla pulsada.

7. a) Ctrl.

8. c) Uno como entero y 2 como parte decimal (uno con dos).

9. c) =

10. d) 3^3.

11. b) F2.

12. d) Ctrl+Y.

13. c) /.

14. a) *.

15. c) Puede cambiar el color de la letra.

16. c) A la celda última que tiene datos.

17. d) Con una coma (,).

18. b) Se obtiene el porcentaje.

19. d) 1 de abril.

20. a) 0,25.

21. c) Insertar.

22. b) Elegir el tipo del gráfico.

23. a) Introducir los datos del gráfico.

24. d) Cuarto.

25. c) Editar.

26. a) Similares para el gráfico de columnas.

27. d) Todos los tipos de gráficos pueden ser de 3 dimensiones.

28. b) El tipo círculo.

29. d) El tipo x-y.

30. a) Registros.

31. b) Campos.

32. d) Datos.

33. c) 3.

34. d) Datos.

35. b) Una columna.

36. b) Y.

37. a) O.

38. d) Datos.

39. c) Introducir, borrar registros y moverse por los registros.

40. b) Seleccionándolos con el ratón en el paso 3 del asistente.

41. b) Tiene un submenú.

42. a) Archivo.

43. b) Archivo.

44. a) Editar.

45. a) Editar.

46. c) Editar.

47. c) Ver.

48. d) Ver.

49. d) Insertar.

50. a) Insertar.

51. c) Insertar.

52. d) Formato.

53. a) Formato.

54. d) Hoja.

55. c) Hoja.

56. c) Datos.

57. d) Herramientas.

58. d) Herramientas.

59. c) Ayuda.

60. c) Ventana.

Capítulo 4

1. b) Llave primaria.

2. b) En ningún caso.

3. d) Hasta 10.

4. c) Hasta 32700.

5. b) ISBN.

6. b) Tablas.

7. d) Consultas.

8. a) Formularios.

9. c) Informes.

10. d) En Herramientas.

11. a) Boolean.

12. b) Porque el número máximo es 127, por tanto, no se pueden guardar estaturas mayores a 127 centímetros.

13. d) No, si se ha marcado entrada requerida en las propiedades del campo.

14. c) 3.

15. d) Cualquiera de los tipos anteriores.

Cómo acceder al Curso

Auxiliar de Administración General
Test del temario

El uso de los códigos **es exclusivo de los compradores de los productos de Editorial MAD**. Cada producto posee un código único y de un solo uso. Es personal e intransferible y da acceso a servicios y contenidos adicionales. Editorial MAD se reserva el derecho de hacer cuantas comprobaciones sean necesarias para identificar al legítimo poseedor del código y dejar de dar servicio a quien haga uso fraudulento del mismo, además de emprender cuantas acciones legales estime oportunas según la legislación vigente.

Deberás acceder a:

mad.es/registro-campus

Si una vez aceptadas las condiciones de uso del Campus decides hacer uso del mismo, necesitarás del siguiente código de acceso junto con los códigos del resto de títulos que se exigen (si fuera el caso):

GMIR417XJZ